Nachlese

Die einseitige Gewichtung im Wahlkampf durch die Medien

Hinterher ist man immer schlauer. Der Wahlkampf ist vorbei, die Wahl ist entschieden – und nun fragt man sich, warum die Alternative für Deutschland (AfD) mit knapp 13 % der Stimmen bundesweit so gut abgeschnitten hat, obwohl sich doch Printmedien und Rundfunk alle Mühe gegeben hatten, vor der AfD zu warnen, sie in die rechte Ecke zu stellen und ihre Wahlversprechungen als fehlgeleitet oder unrealistisch zu enttarnen. Das war gut gemeint, hat aber, so zumindest kann man die Wahlergebnisse interpretieren, die Partei eher gestärkt als geschwächt.

Die Kommentatoren und die Redakteure der politischen Talkshows handelten mit der Absicht, in Deutschland einen Rechtsruck zu verhindern, wie er sich in anderen Ländern schon länger beobachten lässt. Doch wurde der AfD dadurch eine Aufmerksamkeit zuteil, als stünde sie kurz davor, die Regierung zu übernehmen. Hinzu kam, dass in diesem Wahlkampf die Antwort auf die Frage, wie man insgesamt zur AfD steht, wohl das einzige noch spannende und halbwegs konfrontative Thema darstellte – eine Tatsache, die ebenfalls Aufmerksamkeit und damit Zuschauer generierte. Möglicherweise hätte die Partei weniger Akzeptanz beim Wähler gefunden, wenn die Medien ihr insgesamt weniger Aufmerksamkeit geschenkt hätten.

Das hier beschriebene Phänomen macht deutlich, dass mediale Botschaften nicht linear wirken: Wer glaubt, man könnte durch das ständige Wiederholen von Standpunkten die Nutzer in eine gewünschte Richtung beeinflussen, irrt gewaltig. Wer aus Enttäuschung über seine persönliche Lage mit der aktuellen Politik unzufrieden ist, hat vor allem das Ziel, sein Unbehagen zum Ausdruck zu bringen. Er wird von der Hoffnung getragen, dass seine so gesendete Botschaft verstanden wird und sich dadurch etwas ändert. Blickt man auf den etwas hilflos wirkenden Diskurs der Parteien nach der Wahl, in dem auch die Überlegung zum Tragen kam, sich dem rechten Rand der Gesellschaft anzubiedern, hat sich dieser Wunsch nach Veränderung teilweise auch erfüllt. Allerdings ist zweifelhaft, ob die Wähler tatsächlich eine solche Änderung wollen. Die Wahlanalysen von ARD und ZDF gehen jedenfalls davon aus, dass etwa 60 % der AfD-Wähler die Partei lediglich aus Protest wählten – offensichtlich trauten sie den traditionellen Parteien nicht zu, die gewünschte Änderung ihrer Lebensumstände herbeizuführen.

Man kann dieses Denkzettel-Wählen verurteilen! Doch trotzdem fällt es schwer, dem von der Einfallslosigkeit der Parteien enttäuschten Wähler eine effektive Alternative zu empfehlen. Wenn man sich anschaut, dass dieser Wahlausgang sowohl die Bundeskanzlerin als auch den bayerischen CSU-Vorsitzenden nachhaltig geschwächt hat und der sächsische Ministerpräsident nach dem großen AfD-Erfolg in seinem Bundesland zurückgetreten ist, dann war diese Protestwahl zumindest nicht folgenlos. Ob der Wähler eine solche Irritation tatsächlich beabsichtigte – wer will es beurteilen! Sicherlich aber wird von der Politik erwartet, dass sie sich für die Verbesserung des Lebensstandards gerade unterer Einkommensschichten einsetzt und die Infrastruktur im z. T. vernachlässigten ländlichen Raum gerade der ostdeutschen Bundesländer verbessert. Würden sich die Parteien hier mehr engagieren, gäbe es die Chance, zumindest diejenigen zurückzugewinnen, die die AfD aus Protest und nicht wegen einer tatsächlichen rechten Orientierung gewählt haben.

Ihr Joachim von Gottberg

tvdiskurs.de/editorials/

EDITORIAL

INTERNATIONAL

Liberale Regelungen 4
Jugendmedienschutz in der Tschechischen Republik
Jens Dehn

Jugendmedienschutz in Europa 8
Filmfreigaben im Vergleich

PÄDAGOGIK

Kommunikation in Onlinespielen 10
Eine Herausforderung für den Jugendmedienschutz
Laura Keller

TITEL

Sinnsuche 16
Medien zwischen Vermittlung und Orientierung
Alexander Grau

Selbstoptimiert und fremdbestimmt 20
Die Objektivierung unseres Verhaltens führt zum Verlust echter Subjektivität
Gespräch mit Prof. Dr. Stefan Selke

Zurück in die Zukunft? 26
Klassische Wirkungsannahmen und digitale Herausforderungen
Patrick Rössler

Selfies und Selbstrepräsentation 32
Ramón Reichert

Analoge Nostalgie als Versuch einer Entschleunigung 38
Gespräch mit Dominik Schrey

„Guten Abend, meine Damen und Herren“ – „Hallo Leute!“ 44
Parasoziale Interaktion im Fernsehen und auf YouTube
Bastian Karschau und Clemens Schwender

Denken first. Digital second. 48
Kolumne von Klaus-Dieter Felsmann

PANORAMA 50

WISSENSCHAFT
Das Porträt: Florian Sprenger 52
Alexander Grau

„Ich habe mir gewünscht, dass es kein Morgen mehr gibt" 56
Wie das Fernsehen über Ausländer berichtet
Thomas Hestermann

MEDIENLEXIKON
Mediennutzungsstrategien 60
Gerd Hallenberger

DISKURS
„Die Zukunft wartet nicht!" 62
Plädoyer für utopisches Denken
Werner C. Barg

Deutsche (Film-) Geschichte 70
Tilmann P. Gangloff

„Die UFA war immer Trendsetter und Trendmotor!" 73
Gespräch mit Nico Hofmann

The Walking Dead? 76
Der „Auteur" ist gar nicht tot – aber sie sind viele
Stefan Piasecki

Mehr als nur Kulleraugen 80
Animes im deutschen Fernsehen: die Fans, die Sender und der Jugendschutz
Benedikt Hommann

LITERATUR 86

RECHT
Freiwillige Selbstkontrolle für soziale Netzwerke? 96
Marc Liesching

SERVICE
Kurz notiert 98

Filmfotorätsel 100

Impressum, Abbildungsnachweis

WEBKLUSIV AUF TVDISKURS.DE
Neunte Kunst
Vom Schund-Image der Comics zur künstlerischen Anerkennung der Graphic Novels
Tilmann P. Gangloff

Vom Wahren zur Ware
Vor 25 Jahren hat das deutsche Fernsehen seine Unschuld verloren
Tilmann P. Gangloff

Die Unmittelbarkeit der Gewalt im Kino wächst
Werner C. Barg

Wenn der Zuschauer zum Detektiv wird
Über die Faszination neuer True-Crime-Formate
Jens Dehn

Vom Seelsorger zum Sozialarbeiter
Seit 30 Jahren gehören Pfarrerinnen und Pfarrer zum festen Ensemble von Fernsehfilmen und Serien
Tilmann P. Gangloff

Liberale Regelungen

Jugendmedienschutz in der Tschechischen Republik

Jens Dehn

In der Tschechischen Republik sind die gesetzlichen Regelungen zum Jugendmedienschutz lockerer als in vielen anderen Ländern. Bei Kinofilmen etwa obliegt es keiner unabhängigen Institution, sondern den Produktions- und Verleihfirmen, die Angemessenheit ihrer Filme für ein jugendliches Publikum zu bewerten. Im Fernsehen wird auf eine Altersklassifizierung sogar gänzlich verzichtet. Der Rundfunkrat kann lediglich Empfehlungen aussprechen – an die die Sender nicht gebunden sind.

Die allgemeinen gesetzlichen Bestimmungen zum Jugendschutz sind in Tschechien verhältnismäßig liberal geregelt. So gibt es weder ein ausdrückliches Verbot für Kinder und Jugendliche, sich in Nachtklubs oder an jugendgefährdenden Orten (so z. B. in Bordellen) aufzuhalten, noch herrschen Einschränkungen für den Besuch öffentlicher Filmveranstaltungen. Es gibt lediglich den Verweis, dass Eltern die Verantwortung für ihre Kinder tragen. Auch hinsichtlich des Zugangs zu Internetcafés und den dort zugänglichen jugendgefährdenden Inhalten gilt nur, dass die Verantwortung für Kinder entweder bei den Eltern, gesetzlichen Vertretern oder Personen, denen die Kinder anvertraut wurden, liegt. Gesetzliche Regelungen über den Zugang von Minderjährigen zu Internetcafés gibt es dagegen nicht.

„Das System bei uns ist relativ simpel: Es basiert im Wesentlichen auf dem Prinzip der Selbstregulierung", sagt Artuš Rejent, Direktor der Abteilung „Medien und Audiovisuelles" beim tschechischen Ministerium für Kultur. Im Grunde liegt es an den einzelnen Verleihfirmen, zu bewerten, ob ein Film für Kinder und Jugendliche geeignet ist oder nicht. „Wir haben dieses System seit 1993, und es funktioniert mehr oder weniger okay", führt Rejent pragmatisch aus. Er weiß natürlich, dass es dabei Schwachstellen gibt, nicht nur bezogen auf das Urteilsvermögen der Verleiher. Oftmals ignorieren Eltern auch einfach die Vorgaben und nehmen ihren Nachwuchs in Vorstellungen mit, die eigentlich nicht als für die entsprechende Altersgruppe geeignet deklariert sind. „Aber alles in allem, gerade auch mit Hinblick auf den massiven Internetkonsum in unserer Zeit, ist eine Verschärfung der Regelungen für Kinofilme nicht unser größtes Problem, würde ich sagen."

Vier Altersabstufungen für Kinofilme

In Tschechien gilt eine Person bis zum Alter von 18 Jahren als Kind und wird nach dem Bürgerlichen Gesetzbuch als minderjährig bezeichnet. Ferner gelten junge Erwachsene bis 26 Jahre als „junge Personen", wobei diese Differenzierung zwar praktisch angewendet wird, hierfür aber keine gesetzliche Regelung besteht. Im Strafgesetzbuch ist festgehalten, dass ein Kind, das bei Begehung einer Straftat das 15. Lebensjahr

»Wir geben bei unserer Arbeit keine Bewertung im Sinne einer Klassifizierung ab. [...] Das heißt, wir schätzen ab und legen fest, ob ein Programm das Potenzial besitzt, die körperliche, geistige oder moralische Entwicklung von Minderjährigen zu beeinträchtigen.«

Zdeněk Malach, Direktor der analytischen Abteilung beim tschechischen Rundfunk- und Fernsehrat (RRTV) noch nicht erreicht hat, schuldunfähig ist. Als Jugendliche gelten Minderjährige, die über 15 Jahre alt sind, aber noch nicht das 18. Lebensjahr vollendet haben.

Im nationalen Klassifizierungssystem gibt es vier Alterseinstufungen. Der Schnitt mit dem 15. Lebensjahr, der aus den beschriebenen Regelungen hervorgeht, spiegelt sich darin durchaus wider. Allerdings fällt auf, dass die Alterseinstufung nach der „uneingeschränkten“ Freigabe keine Differenzierung mehr bei jüngeren Kindern vorsieht. Die nächste Altersbarriere liegt erst bei 12 Jahren. Die vier Alterseinstufungen lauten:

- uneingeschränkt zugänglich,
- nicht geeignet für Kinder unter 12 Jahren,
- nicht geeignet für Kinder unter 15 Jahren,
- nicht geeignet für Kinder und Jugendliche unter 18 Jahren.

Festgehalten sind die Klassifizierungsvorgaben für Kinofilme in Gesetz Nr. 496/2012 über audiovisuelle Arbeiten. Es dient dazu, den Zugang für Minderjährige zu Kinofilmen zu regulieren, die deren mentale oder moralische Entwicklung beeinträchtigen könnten.

Das Gesetz besagt zudem, dass bei einheimischen Projekten der Produzent bzw. Co-Produzent mit Sitz seines Unternehmens in der Tschechischen Republik seinen tschechischen Film dementsprechend bewerten muss und die Verleihfirma über die Klassifizierung zu informieren hat. Bei ausländischen Filmen (die auch in Tschechien die überwiegende Zahl der Kinostarts ausmachen) hat der Verleiher selbst die Klassifizierung durchzuführen. Die Beurteilung ist weiterzugeben an alle Kinos, Organisationen und Institutionen, welche Filme vorführen, aber auch an On-Demand-Anbieter und DVD-Verkaufsläden. Sollte der Produzent bzw. Verleiher es versäumen, die Informationen weiterzugeben, drohen ihm Geldstrafen. Das Gleiche gilt für Kinos und andere Anbieter, sollten sie sich nicht an die Vorgaben halten. Die Kinobetreiber sind dabei verpflichtet, schon bei Ankündigung eines Films auch auf dessen Altersklassifizierung hinzuweisen. Während einer Vorstellung haben sie zudem darauf zu achten, dass vor Filmbeginn kein Trailer eines anderen Films gezeigt wird, dessen Altersfreigabe über der des Hauptfilms liegt.

Der nationale Rundfunk- und Fernsehrat

Im Bereich „Fernsehen“ ist der Jugendschutz anders reguliert und unterliegt einer Institution. Die Medienlandschaft in der Tschechischen Republik ist durchaus vielfältig. Das öffentlich-rechtliche Fernsehen Česká televize betreibt zurzeit sechs Sender, das Radio-Pendant Český rozhlas sieben. Insgesamt gibt es jedoch mehr als 300 kommerzielle Anbieter unterschiedlichster Größe und Reichweite, die alle vom nationalen Rundfunk- und Fernsehrat (RRTV) beobachtet werden. Der RRTV ist eine Behörde, die die staatliche Verwaltung im Bereich der Rundfunk- und Fernsehübertragungen sowie on-demand-audiovisueller Mediendienste durchführt. Sie arbeitet dabei unabhängig und ist keinen Regierungsstrukturen unterstellt. Die überwachende Tätigkeit ergibt sich aus der folgenden gesetzlichen Regelung: „Ein Rundfunkveranstalter soll während des Zeitraums von 06.00 Uhr bis 22.00 Uhr alle Programmeinheiten und Ankündigungen, die die körperliche, geistige oder moralische Entwicklung von Minderjährigen gefährden könnten, vermeiden. Diese Verpflichtung gilt nicht für Rundfunkveranstalter, bei denen die Auslieferung an den Endnutzer im Rahmen eines schriftlichen Vertrags mit einer über 18-jährigen geschlossenen Person vorliegt und von der Durchführung einer technischen Maßnahme begleitet wird, die es der Person ermöglicht, den Zugang der Minderjährigen zum Empfangsgerät zu beschränken.“ Der Rundfunk- und Fernsehrat wacht als Kontrollinstanz über die Einhaltung dieser Regelung. Bei Verstößen gegen die Bestimmung hat er die Möglichkeit, den Sendern Bußgelder in Höhe von 20.000 CZK bis zu 10.000.000 CZK aufzuerlegen. Abgesehen vom nationalen Rundfunkgesetz ist die Tschechische Republik an die Rechtsvorschriften der Europäischen Union und das Abkommen über die Rechte des Kindes gebunden.

Gemäß Rundfunkgesetz dürfen Sender keine Programme oder Werbungen ausstrahlen, die vulgäre Sprache oder Beleidigungen enthalten. Ausgenommen hiervon sind Sendungen, die als „Kunstwerke“ betrachtet werden und in denen derartige Sprache – bezogen auf den inhaltlichen Kontext – als notwendig und gerechtfertigt angesehen wird. Solche Programme dürfen aber nur zwischen 22.00 Uhr und 06.00 Uhr morgens am folgenden Tag gesendet werden. Wird gegen diese Vorgaben verstoßen, kann der Rat gegenüber dem Betreiber eine Verwarnung aussprechen, jedoch keine Geldstrafe verhängen.

Grundsätzlich kann der RRTV bei Nichtbeachtung seiner Vorgaben keine Strafmaßnahmen einleiten. Er kann eine Empfehlung ausstellen, aber die Empfehlung ist für den Rundfunkveranstalter nicht obligatorisch. Der Rat kann keine rechtlichen Verordnungen schaffen, seine Arbeit beruht auf der primären Gesetzgebung. Wenn ein Fernsehveranstalter gegen eine Bestimmung des Rundfunkgesetzes (oder eine andere Mediengesetzgebung) verstößt, gibt es von dieser Seite Sanktionen, die vor Gericht angefochten werden können.

Bei Filmen, die vor 22.00 Uhr ausgestrahlt werden, beurteilt und entscheidet der Rat jeweils von Fall zu Fall. Dabei kann er aufgrund der Gesetzeslage nur rückwirkend über Programme entscheiden. Im Vorfeld Filme oder Serien zu verbieten, ist dagegen nicht möglich, da es einer Zensur gleichkäme und deshalb verboten ist. Auch kann die Anzahl gewalttätiger Sendungen nicht festgelegt werden, da es diesbezüglich keine „Quotenregelung" im Rundfunkgesetz gibt.

Bislang kein Bewertungssystem für TV-Sendungen

Die Beurteilung wird zusätzlich erschwert, da in Tschechien für Fernsehsendungen keine Altersempfehlungen für Kinder und Jugendliche existieren. Eine an bestimmte Kriterien gebundene Reglementierung, die Programme in die Eignung für bestimmte Altersgruppen unterteilt – wie bei der Kinoauswertung –, gibt es in der tschechischen Gesetzgebung für Fernsehprogramme bislang nicht, ebenso wenig ein „Etikettierungssystem" für TV- und Radiosendungen. Dementsprechend sind auch die Sender nicht verpflichtet, Sendungen bei der Ausstrahlung diesbezüglich zu kennzeichnen. Ein Programm, das für Kinder und Minderjährige ungeeignet ist, kann jedoch mit einem sichtbaren Stern gekennzeichnet sein. Die Größe dieses Symbols ist nicht durch einen Standard geregelt und kann in keiner Weise bestraft werden. Der Rat kann nur beurteilen, ob sich der Stern sichtbar auf dem Bildschirm befindet. „Wir geben bei unserer Arbeit keine Bewertung im Sinne einer Klassifizierung ab", erklärt Zdeněk Malach, Direktor der analytischen Abteilung beim RRTV. „Wir bewerten Programme lediglich und ausschließlich basierend auf der Grundlage unseres Rundfunkgesetzes. Das heißt, wir schätzen ab und legen fest, ob ein Programm das Potenzial besitzt, die körperliche, geistige oder moralische Entwicklung von Minderjährigen zu beeinträchtigen." Hierfür sichtet eine Gruppe von zehn Medienanalysten für TV und Radio die Programme und bereitet ein Grundlagenpapier für den Rat und seine Entscheidungen vor. Der Rat trifft sich einmal alle zwei Wochen. „Es gab sehr lange Diskussionen über die Notwendigkeit, ein Bewertungssystem in unsere Mediengesetzgebung zu integrieren", sagt Malach. Es wurde sogar schon ein Modell entwickelt, das sich vor allem an den Vorbildern aus den Niederlanden und der Slowakei orientiert, aber es wurde nie in die Realität umgesetzt – entweder weil sich die Politik dagegen gesträubt hat oder weil die TV-Sender kein Interesse an einer Veränderung hatten. „Im Moment ist aber eine neue Gesetzesnovelle, die ein solches detailliertes Klassifizierungssystem verpflichtend machen würde, im tschechischen Parlament auf dem Tisch."

Herausforderungen neuer Medien

Zuletzt gab es mit dem Beitritt Tschechiens in die Europäische Union im Jahr 2004 einige Anpassungen in der Gesetzgebung. „Und natürlich haben wir die AVMD-Richtlinie des Europäischen Parlaments (zur Koordinierung bestimmter Rechts- und Verwaltungsvorschriften über die Bereitstellung audiovisueller Mediendienste) in unser Rundfunkgesetz eingearbeitet. Die Alterskennzeichnung, wie sie dort erwähnt wird, war davon jedoch ausgenommen, da diese wie erwähnt eben nicht Bestandteil unserer Gesetzgebung ist."

Dennoch sieht sich auch der nationale Rundfunk- und Fernsehrat oft teils massiver Kritik für seine Entscheidungen ausgesetzt. „Damit müssen wir leben. Aber in vielen Fällen kennt die Öffentlichkeit das Rundfunkgesetz und seine Regulierungsvorschriften schlichtweg nicht", versucht Zdeněk Malach zu relativieren. Bislang noch keine schwerwiegenden Schwierigkeiten gab es dagegen mit neuen Verbreitungsmedien wie Streamingdiensten. Zwar nehmen Anbieter wie Netflix oder Amazon auch in der Tschechischen Republik einen immer größer werdenden Stellenwert ein, doch greifen hier die Bedienungsoptionen, manche Inhalte nur gegen Eingabe eines Passwortes sehen bzw. Nutzerkonten nur für Kinder anlegen zu können. Malach gibt sich diesbezüglich auch entspannt: „Wir kämpfen mit diesen neuen Technologien wie alle unsere Kollegen, aber die Regulierung ist in diesem Fall weicher. Bisher haben wir in dieser Beziehung keine größeren Probleme."

Jens Dehn arbeitet als freiberuflicher Filmjournalist.

© 20th Century Fox

© Universal Pictures

© Universum Film

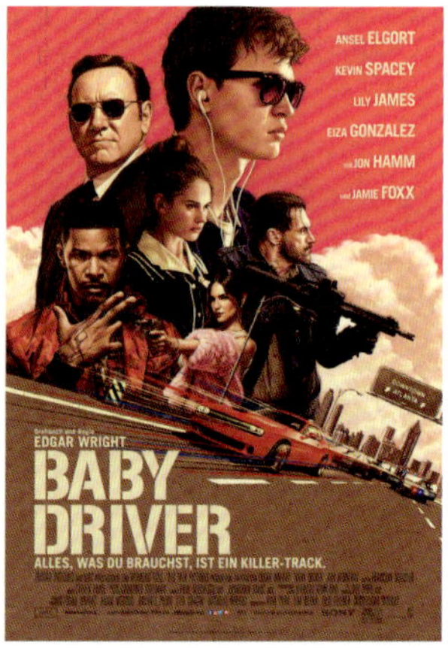

© Sony Pictures Releasing

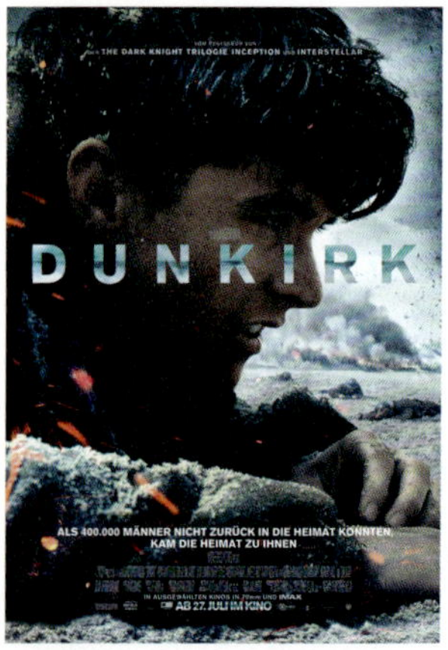

© Warner Bros. Ent.

© Universal Pictures

© Warner Bros. Ent.

© Sony Pictures Releasing

© Sony Pictures Releasing

© Studiocanal Filmverleih

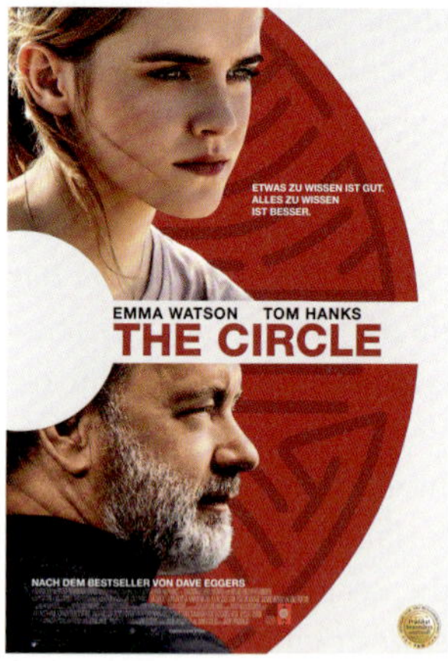

© Universum Film

© Paramount Pictures

Jugendmedienschutz in Europa

Filmfreigaben im Vergleich

In den europäischen Ländern sind die Kriterien für die Altersfreigaben von Kinofilmen unterschiedlich. *tv diskurs* informiert deshalb regelmäßig über die Freigaben aktueller Spielfilme.

	Titel	D	NL	A	GB	F	DK	S
1.	Planet der Affen: Survival OT: War for the Planet of the Apes	12	12	12	12A	o. A.	11	15
2.	Die Verführten OT: The Beguiled	12	12	14	15	o. A.	11	11
3.	Valerian – Die Stadt der tausend Planeten OT: Valerian*	12	12	12	12A	o. A.	11	11
4.	Baby Driver OT: Baby Driver	16	16	14	15	o. A.	15	15
5.	Dunkirk OT: Dunkirk	12	12	14	12A	o. A.	15	15
6.	Atomic Blonde OT: Atomic Blonde	16	16	16	15	12	15	—
7.	Es OT: It	16	16	16	15	12	15	15
8.	Spider-Man: Homecoming OT: Spider-Man: Homecoming	12	12	10	12A	o. A.	11	11
9.	Der Dunkle Turm OT: The Dark Tower	12	12	14	12A	o. A.	11	11
10.	Logan Lucky OT: Logan Lucky	12	12	10	12A	o. A.	11	7
11.	The Circle OT: The Circle	12	12	6	12	o. A.	—	11
12.	Mother! OT: Mother!	16	16	16	18	—	15	15

* Vollständiger Titel: Valerian and the City of a Thousand Planets

o. A. ohne Altersbeschränkung
A Accompanied / mit erwachsener Begleitung
— ungeprüft bzw. Daten lagen bei Redaktionsschluss noch nicht vor

Kommunikation in Onlinespielen

Eine Herausforderung für den Jugendmedienschutz

Laura Keller

Welche neuen Herausforderungen bedeuten Kommunikations- und Interaktionsmöglichkeiten in Onlinespielen für den Jugendmedienschutz? Gewalt, Extremismus und Pornografie sind als jugendgefährdende Potenziale in Computer- und Onlinespielen lange bekannt. Abseits davon sollten Erziehende sowie Jugendschützerinnen und Jugendschützer jedoch auf, in das Spiel integrierte Kommunikationskanäle achten – denn wo kommuniziert werden kann, besteht das Risiko, mit Cybermobbing und Cybergrooming konfrontiert zu werden.

Diskussionen über die Gefahren von Computerspielen sind wahrlich nichts Neues, doch ein Aspekt wird bisher weitgehend außer Acht gelassen: Lässt sich über das Spiel online mit anderen Nutzerinnen und Nutzern kommunizieren oder interagieren?

Gemeinsam haben Onlinespiele häufig lediglich die für das Spiel notwendige Internetverbindung. Zu den Onlinespielen lassen sich sowohl Single- und Multiplayer-Spiele, Browser- und Clientgames, aber auch alle denkbaren Genres von Action- und Strategiespielen bis hin zu Geschicklichkeits- oder Quiz-Apps zum schnellen Zeitvertreib zählen. Das Durchschnittsalter von Nutzerinnen und Nutzern digitaler Spiele liegt mittlerweile bei 35 Jahren; und auch bei Kindern und Jugendlichen steigt das Interesse stetig an. Für den Kinder- und Jugendmedienschutz ergeben sich so mögliche Problemfelder, denn Nutzerinnen und Nutzern jeglichen Alters wird die Möglichkeit geboten, gemeinsam zu spielen, zu kommunizieren und zu interagieren. Genutzte Hardware, Genres oder Spielinhalte sind dabei zweitrangig und rücken in den Hintergrund.

Kommunikation als Risikofaktor

Die Möglichkeiten, in Onlinespielen mit Mitspielern, Gegnern und weiteren Nutzern zu kommunizieren, sind vielfältig: integrierte (Voice-) Chats, Direktnachrichten, Gruppenchats oder nonverbal durch das gemeinsame Spiel. Bei Kindern kann Letzteres bereits zum Vertrauensgewinn genutzt werden, ohne Nachrichten auszutauschen.

Im Hinblick auf soziale Netzwerke und Kommunikationsrisiken werden Cybermobbing und Cybergrooming schon länger thematisiert, im Kontext von Onlinespielen wurden sie bisher weniger diskutiert. Eine US-amerikanische Studie (Englander 2012) mit Grundschülerinnen und Grundschülern kam jedoch zu dem Ergebnis, dass die häufigsten Begegnungen mit Cybermobbing in Onlinespielen stattfinden. Immer mehr Fälle sexuellen Missbrauchs von Kindern und Jugendlichen werden zudem über Onlinespielplattformen bekannt (vgl. Rüdiger 2015). Bei der Diskussion um Gefahren durch Mobbing oder Sexualtäter müssen die Kommunikationsmöglichkeiten von digitalen Spielen dementsprechend stärker betrachtet werden.

MMORPGs und Cybermobbing

Sich wiederholende, gezielt verletzende und aggressive Handlungen einer oder mehrerer Person(en) gegenüber einer oder mehreren anderen Person(en) innerhalb eines Machtungleichgewichts mithilfe des Internets und/oder digitaler Technologien werden als Cybermobbing bezeichnet. Es umfasst beispielsweise Bedrohungen, Demütigungen und Beschimpfungen. Statistisch ist die Verbreitung von Cybermobbing schwer zu erfassen, da die Intentionen und Interpretationen der (Online-) Kommunikation von Täterinnen und Tätern sowie von Opfern sich oft unterscheiden (vgl. Kirwan/Power 2013).

Die Anonymität von Täterinnen und Tätern im Internet beeinflusst zum einen die erhöhte Beteiligung, zum anderen erschwert es die Nachforschungen in Fällen von Cybermobbing. In engem Zusammenhang dazu steht ein enthemmtes Verhalten, bei dem Täterinnen und Täter online Handlungen ausführen, denen sie in der materiellen Welt, beispielsweise aus Scham oder Anstand, nicht nachkommen würden, und sich dabei belustigt, beliebt und ermächtigt fühlen (vgl. Ballard/Welch 2015). Es ist jedoch ein fließender Prozess, in dem auch Kinder und Jugendliche sowohl Opfer als auch Täter sein können.

Eine zentrale Rolle im Kontext von Cybermobbing und Onlinespielen spielen die sogenannten MMORPGs (Massively Multiplayer Online Role-Playing Games), auch wenn diese in Definitionen zu Cybermobbing nicht explizit genannt werden. In den Onlinerollenspielen wie *World of Warcraft* oder *Clash of Clans* sind Spielerinnen und Spieler aufgefordert, sich in sogenannten Clans, Gilden oder anderen Gruppierungen zusammenzuschließen, um kooperativ Spielerfolge zu ermöglichen und ein gemeinsames Spielerlebnis zu erfahren. Den sozialen Aspekten von MMORPGs wird jedoch im öffentlichen und wissenschaftlichen Diskurs wenig Beachtung geschenkt.

Der Spielrang – stellvertretend für Macht und Dominanz – ist der vorrangige Grund für Cybermobbing in MMORPGs (vgl. ebd.). Auch schlechtere oder unerfahrene Spielerinnen und Spieler werden häufig ausgegrenzt, genauso wie Mädchen aufgrund ihres Geschlechts (vgl. Katzer 2014). In diesen onlinebasierten Gruppen entsteht zudem oftmals ein Gruppendruck, der bei Nichtbeachtung von Hierarchien und Normen den Ausstoß aus der Gruppe oder Mobbing zur Folge haben kann. So verabreden sich die Mitglieder eines Clans oder einer Gilde beispielsweise spätabends, um einen entscheidenden Spielzug durchzusetzen, an dem alle Mitglieder teilnehmen müssen. Für Kinder und Jugendliche, die nicht selbstbestimmt zu jeder Zeit online sein können, um ihre Gruppe zu unterstützen, kann dies schnell zum Problem werden und Cybermobbing als Bestrafung zur Folge haben (vgl. Rüdiger 2015, S. 107).

Eindeutige Nicknames ziehen Pädophile an. Die vermeintlich 11-Jährige ist in diesem Fall allerdings eine Mutter.

Cybergrooming in Onlinespielen

Neben Cybermobbing spielt auch Cybergrooming in Onlinespielen eine zunehmende Rolle. Cybergrooming meint die gezielte Kommunikation mit Minderjährigen in virtuellen Welten mit dem Ziel, sexuelle Kontakte anzubahnen. Studien zufolge erhält bereits eins von sieben Kindern und Jugendlichen im Internet unerwünscht sexuelle Aufforderungen (vgl. Kirwan/Power 2013). Erst im Dezember 2016 wurde ein 35-Jähriger zu mehreren Jahren Haft verurteilt, weil er einen Jungen missbrauchte, den er über das Onlinespiel *Minecraft* kennen gelernt hatte (vgl. Burger 2016).

Cybergroomer profitieren dabei in mehrfacher Hinsicht von den Gegebenheiten des digitalen Raumes. Bei der Erstellung von Nutzerkonten können Pseudoidentitäten erschaffen werden, da weder Alter noch Personenangaben überprüft oder verifiziert werden. Hier zeigt sich auch der größte Unterschied zur Offlinewelt, in der die Täterinnen und Täter den Kindern meistens vorher bekannt waren (vgl. Kirwan/Power 2013). Der Kriminologe Rüdiger (2015) warnt, dass die Interaktion mit solchen Pseudoidentitäten bei Kindern im Umkehrschluss zu einer verminderten Resilienz führen kann. Des Weiteren betont er, dass hier die „typischen gesellschaftlichen Schutzmechanismen und Sensibilisierungsmaßnahmen Kindern gegenüber“ unterlaufen würden, da sonst vor dem Umgang und der Kommunikation mit unbekannten Erwachsenen gewarnt werde. An dieser Stelle lässt sich bereits vermuten, dass Eltern und Kinder noch nicht angemessen für Risiken in Onlinespielen und dem digitalen Raum sensibilisiert sind. Hinzu kommt die kindgerechte Optik zahlreicher Spiele, die Kindern einen erwachsenenfreien Raum suggeriert.

Cybergroomer agieren entweder langfristig, indem sie durch gemeinsame Spielerlebnisse und Kommunikation eine gewisse Vertrauensbasis aufbauen und als Ziel den Austausch von (sexualisierten) Bildern oder Treffen fokussieren, oder kurzfristig. Die kurzfristige Interaktion ist häufig durch erpresserische Handlungen gekennzeichnet, bei denen es aber ebenfalls um mediale Missbrauchsdarstellungen geht.

Beide Tätertypen haben allerdings auch Gemeinsamkeiten: Sie kontaktieren meistens mehrere Kinder gleichzeitig, besitzen mehrere Accounts und kontaktieren so auch Kinder mehrfach in verschiedenen Rollen, bis das gewünschte Ziel erreicht ist. Zudem gibt es Täterinnen und Täter, die beide Vorgehensweisen verbinden (vgl. ebd.). Des Weiteren wird vonseiten der Täterinnen und Täter darauf Wert gelegt, dass Freunde oder Familie nichts von der Begegnung erfahren. Sie manipulieren die Kinder bewusst psychologisch. Bis zum Zeitpunkt der Erpressung haben beide Typen zudem die Gewaltlosigkeit ihrer Vorgehensweise gemein; der Vertrauensaufbau steht im Vordergrund und wird durch Komplimente und Aufmerksamkeit vorangetrieben, was den potenziellen Opfern meist schmeichelt und, wie bereits erwähnt, ihre Resilienz senkt. Die Motivation der Täterinnen und Täter reicht dabei von Pädophilie, Gefühlen der Neugier, aber auch Wut – bis zu dem Wunsch nach Macht oder Bewunderung (vgl. Kirwan/Power 2013).

Rüdiger (2015) hebt zudem hervor, dass Onlinespiele und virtuelle Welten die „Anbahnungs- und Kennenlernplattform darstellen, aber nicht zwangsläufig die Missbrauchsplattform“.

Was muss sich im Jugendmedienschutz verändern?

Das aktuelle System des Jugendmedienschutzes erfasst die neuen, durch Kommunikations- und Interaktionsmöglichkeiten in Onlinespielen entstehenden Herausforderungen derzeit noch nicht. Momentan ist im Hinblick auf Onlinespiele ein Durcheinander aus Zuständigkeiten, Verantwortung und Kennzeichnungen festzustellen, das einen effektiven Schutz von Kindern und Jugendlichen im Internet verhindert. Doch welche Veränderungen wären notwendig, um einen umfassenderen Schutz für Kinder und Jugendliche zu gewährleisten?

Der Jugendmedienschutz-Staatsvertrag (JMStV) muss zukünftig Rücksicht auf inhaltliche und strukturelle Besonderheiten von Onlinespielen nehmen. Es braucht eine gesetzliche Grundlage, die das Verhältnis von Staat und Anbietern klar definiert. Ohne gesetzliche Grundlage lässt sich bisher kaum mehr Verantwortung von Spiele- und Plattformbetreibern einfordern – hier stellt sich ohnehin die Frage, warum die Betreiber von Onlinespielen mehr Freiheiten im Jugendmedienschutz genießen sollen als Betreiber von anderen digitalen Spielen oder Verantwortliche der Film- und Fernsehbranche.

Um den gesellschaftlichen Diskurs nicht ausschließlich bei Gewalt- und Suchtpotenzialen zu belassen, sondern auch Cybermobbing und Cybergrooming als Risikopotenziale zu erkennen, müssen die Alterskennzeichen der Unterhaltungssoftware Selbstkontrolle (USK) aktualisiert werden. PEGI (Pan European Game Information) und IARC (International Age Rating Coalition) als alternative Kennzeichnungsverfahren sind hier Vorbilder, die bei der Kennzeichnung bereits auf eine Onlinefähigkeit der Spiele hinweisen. Plattformintern und plattformübergreifend muss es zudem Melde-, Hilfe- und Beratungsangebote geben. Auch Rüdiger (2015) sieht in geschulten Moderatorinnen und Moderatoren, Wortfiltern sowie verstärkten Personen- und Zugangsverifikationen sinnvolle Schutzmaßnahmen.

Eltern sensibilisieren, Präventionsarbeit ausbauen

Da sich viele Eltern den Kommunikationsrisiken virtueller Welten faktisch nicht bewusst und Alterskennzeichnungen in diesem Zusammenhang oft irreführend sind – Sportspiele mit integriertem Onlinemodus oder Quiz-Apps mit Chat-Funktion sind häufig ohne Altersbeschränkung freigegeben, bergen aber dieselben Risiken –, muss zwangsläufig die Präventionsarbeit ausgebaut werden, um für das Problem zu sensibilisieren. Nur so können Eltern und Erziehende Kinder und Jugendliche aufklären und in kritischen Situationen als kompetente Ansprechpartner zur Verfügung stehen. Zu beachten gilt, dass es immer Eltern gibt, die durch Sensibilisierungsmaßnahmen nicht erreicht werden können und deren Kinder trotzdem nicht in virtuellen Welten alleingelassen werden dürfen.

Abschließend ist zu betonen, dass der aktuelle Forschungsstand dringend weiter ausgebaut werden muss. In Bezug auf Onlinespiele wurden sowohl zu Cybermobbing als auch zu Cybergrooming trotz der gesellschaftlichen Relevanz bisher nur wenige wissenschaftliche Arbeiten erstellt.

Literatur:

Ballard, M./Welch, K.: *Virtual Warfare. Cyberbullying and Cyber-Victimization in MMOG Play.* In: Games And Culture, 5/2015, S. 466–491. Abrufbar unter: http://dx.doi.org/10.1177/1555412015592473

Burger, R.: *Opfer in Onlinespiel gefunden. Koch muss nach Missbrauch in Psychiatrie.* In: FAZ-Online, 09.12.2016. Abrufbar unter: http://www.faz.net/aktuell/gesellschaft/kriminalitaet/koch-aus-duesseldorf-muss-nach-missbrauch-in-psychiatrie-14566653.html

Englander, E.: *Cyberbullying among 11,700 Elementary School Students, 2010–2012.* In: MARC Research Reports, Paper 4/2012. Abrufbar unter: http://vc.bridgew.edu/cgi/viewcontent.cgi?article=1005&context=marc_reports

Katzer, C.: *Cybermobbing. Wenn das Internet zur W@ffe wird.* Heidelberg 2014

Kirwan, G./Power, A.: *Cybercrime: The Psychology of online offenders.* Cambridge 2013

Rüdiger, T.-G.: *Der böse Onkel im digitalen Kinderzimmer.* In: Hillebrandt, I. (Hrsg.): Gewalt im Netz – Sexting, Cybermobbing & Co. Berlin 2015, S. 104–123

Laura Keller studierte Kultur- und Bildungswissenschaften sowie Kinder- und Jugendmedien in Lüneburg und Erfurt. Sie arbeitet als freiberufliche Medienpädagogin.

Mehr als Kommunikation

Mediennutzung in der digitalen Welt

Der Kommunikationswissenschaftler und Medientheoretiker Marshall McLuhan beschrieb 1964 die Medien als eine Erweiterung der menschlichen Sinne, quasi als ein zusätzliches Organ, das sich außerhalb des Körpers befindet. Was in der Zeit des alten Fernsehens vielleicht noch ein wenig übertrieben klang, skizziert beispielsweise die gegenwärtige Nutzung von Smartphones ziemlich genau: Die Symbiose zwischen dem menschlichen Gehirn und dem externen Gerät, mit dem man viele unterschiedliche Aufgaben lösen und von Google Maps bis hin zur Patentante kommunizieren kann, erweckt oft den Eindruck, als sei der Nutzer mit dem Gerät verwachsen. Nun gilt der Medientheoretiker McLuhan bei vielen als vorausschauender Visionär. Aber wie steht es mit anderen wissenschaftlichen Theorien über Nutzungsmotive, Medienwirkungen und die Interaktion mit gesellschaftlichen Prozessen?

Die heutige digitale Medienwelt erschöpft sich nicht mehr in der Kommunikation. Sie durchzieht unseren Alltag und unsere Arbeitswelt, sie optimiert die Informationsbeschaffung, navigiert uns mit einer fast menschlichen Stimme in jede Ecke der Welt und überwacht mittels Livetracker, ob wir genug Treppen steigen, wie viele Schritte wir gehen, wie sich unser Gewicht oder unser Blutdruck entwickelt. Gleichzeitig loben oder tadeln entsprechende Apps den Nutzer – je nachdem, ob er die selbst gesteckten Ziele erreicht.

Die digitale Revolution hat zu einer Mediennutzung geführt, die nichts mehr mit dem Sender-Empfänger-Prinzip zu tun hat. Es geht nicht mehr ausschließlich um Kommunikation, sondern um Datensammlungen, die es erlauben, durch die genaue Kenntnis potenzieller Kunden Marketingprozesse zu optimieren. Während man früher aufwendige Studien zur Erforschung menschlichen Verhaltens durchführen musste, könnte man heute ein besseres und schnelleres Ergebnis durch die Analyse von Datensätzen erreichen. Doch ergeben sich dadurch auch eine Reihe von Problemen und damit zusammenhängenden Fragen, beispielsweise zu der perfekten Kontrolle des Individuums oder den Sorgen um den Verlust von Individualität und Subjektivität.

Was bleibt von den bisher gewonnenen Theorien über die Interaktion von Medien und Gesellschaft, über die Funktionen der Medien und deren Wirkung? Sind sie angesichts der medialen Veränderungen obsolet oder gelten sie zumindest im Kern noch immer? *tv diskurs* geht der Frage nach, ob und wie klassische Medientheorien angesichts der veränderten digitalen Medienwelt auch heute noch gelten.

Sinnsuche

Medien zwischen Vermittlung und Orientierung

Alexander Grau

Am Anfang der Medienwissenschaft stand die Medienwirkungsforschung. Deren erste systematische Arbeiten stammten von Werbefachleuten, die sich für die Manipulationsmöglichkeiten des Massenpublikums des Industriezeitalters interessierten. Zwar hatten auch die Vordenker moderner Public Relations den Nutzen der Medienrezipienten im Auge, doch mit der eigentlichen Mediennutzung beschäftigten sich Medienwissenschaftler erstmals anhand von Unterhaltungsformaten. Entsprechend kam man zu dem noch im Digitalzeitalter gültigen Ergebnis, dass Menschen Medien nutzen, um sich zu unterhalten, zu informieren, sich sozial zu integrieren oder um sich in andere Welten zu flüchten. Aus einer anthropologischen Perspektive leisten Medien jedoch mehr: Sie konstituieren Sinn und schaffen temporäre Ordnung.

Manchmal ist die Etymologie eines Wortes eben doch hilfreich. Beispielsweise bei dem Begriff „Medien". Der leitet sich von dem lateinischen Wort „medium" ab, und das bedeutet bekanntermaßen „Mitte", „das Mittlere" oder auch „das Dazwischenliegende".

Allerdings taucht im klassischen Latein der Begriff „medium" im genannten Sinne gar nicht auf. Denn streng genommen handelt es sich hier um einen Neologismus, der viele Jahrhunderte später gebildet wurde – nämlich von dem mittelalterlichen Gelehrten Thomas von Aquin (um 1225–1274). Der übersetzte die Schriften des Aristoteles ins Lateinische. Bei der Übertragung der Schrift *De anima* stand er vor dem nicht geringen Problem, einen adäquaten Ausdruck für den griechischen Ausdruck μεταξύ (metaxu) finden zu müssen. Das bedeutet „zwischen" – und Aristoteles verwendet ihn dort, wo er die menschliche Wahrnehmung erklären will. Für diese bedarf es nämlich eines Abstandes zwischen dem Wahrnehmenden und dem Wahrgenommenen. Sonst gäbe es weder das eine noch das andere. Und genau diesen Abstand nennt Thomas von Aquin in seiner lateinischen Übersetzung „medium".

Diese Übersetzung ist jedoch missverständlich, da sie suggeriert, dass es zwischen dem Wahrgenommenen und dem Wahrnehmenden ein „Drittes" gibt, ein Medium. Also suchte seit dem 13. Jahrhundert das wissenschaftliche Europa nach einem Vermittlungsstoff, einem Äther, der die Wahrnehmung der Welt erst möglich macht. Nebeneffekt dieses Missverständnisses: Der Aquinate schenkte der Welt die Medien und die Medientheorie noch gleich dazu.

Denn als sich im Zuge des wissenschaftlichen Fortschritts des 19. Jahrhunderts das ominöse „Dritte", nach dem abendländische Gelehrte, Alchemisten und Esoteriker über Jahrhunderte gesucht hatten, als Hirngespinst entlarvte, fand eine kommunikationstheoretische Bedeutungstransformation statt. Ein „Medium" war nun nicht mehr ein unbekannter Stoff mit geheimnisvollen Übertragungseigenschaften, sondern etwas, was kommunikative Inhalte zwischen Menschen vermittelt: ein Buch etwa oder eine Zeitung, später ein Telegraf oder das Radio.

Das Ergebnis dieser Bedeutungsverschiebung war die Trennung von übertragenem Inhalt und Übertragungsmedium.

Erst Marshall McLuhan wird mit seinem berühmten „the medium is the massage" diesen Dualismus infrage stellen.

Grundlegend für die Medienwissenschaften, wie sie sich nach dem Ersten Weltkrieg zunächst in Form von Werbe- und Propagandatheorien etablierten, war aber der aquinatische Medienbegriff in seiner modernen Transformation. Demnach sind Medien Techniken zum Speichern und Übermitteln von Inhalten aller Art. Sie stehen als ein Drittes zwischen Sender und Empfänger.

Werbung und Propaganda

Im Fokus der ersten Medienwissenschaftler stand das, was wir heute Medienwirkungsforschung nennen. Das hatte zwei Gründe: einen kultur- und einen wirtschaftshistorischen. Insbesondere in Europa wurde die Entwicklung moderner Massenmedien im 19. Jahrhundert begleitet von einer tiefen Skepsis vor allem des Bildungsbürgertums gegenüber der sich formierenden Massengesellschaft. Anknüpfend an liberale Theoretiker wie John Stuart Mill oder Alexis de Tocqueville befürchtete man eine Herrschaft der Massen, einen Terror der durch die neuen Massenmedien manipulierten öffentlichen Meinung und eine damit einhergehende Verflachung der Kultur.

Diese bürgerlichen Vorbehalte gegen die moderne Massengesellschaft kulminierten symbolisch in einem der meistgelesenen Bücher seiner Zeit, der Schrift *Psychologie der Massen* (1895) des Arztes Gustave Le Bon (1841–1931). Für Le Bon zeichnet sich die Masse vor allem durch intellektuelle Beschränkung und emotionale Enthemmtheit aus. Die positiven Eigenschaften des Einzelnen würden in ihr ausgeblendet, das Triebhafte, Unbewusste und Emotionale gefördert. Entsprechend sei die Masse leicht durch Vereinfachung und Emotionalisierung zu manipulieren – Vorwürfe, die bis in unsere digitale Gegenwart die Diskussion bestimmen.

Doch die bürgerliche Gesellschaft ist traditionell nicht nur von kulturellen Verfallsfantasien gekennzeichnet, sondern auch von ökonomischen Interessen. Entsprechend waren es die ersten Werbestrategen wie etwa der Kunstmaler, Bühnenbildner und Vordenker moderner Public Relations Hans Domizlaff (1892–1971), die Strategien und Techniken moderner Massenmanipulation entwarfen (vgl. Grau 2012, S. 74). Mittels eingängiger, erhabener und emotionalisierender Symbole, so Domizlaff, solle die Werbung auf die unbewussten Affekte des Menschen in der modernen Massengesellschaft zielen.

Gleichwohl erkannte Domizlaff als einer der Ersten, dass Werbung und Propaganda nicht allmächtig sind. Zwar ist auch für ihn das moderne Individuum ein triebgesteuertes Herdentier. Dennoch ist der Mensch nicht grenzenlos manipulierbar, da jedes Individuum auch immer seinen eigenen, persönlichen Nutzen verfolgt. Und was nützlich ist, das hängt von sehr unterschiedlichen persönlichen Faktoren und Umständen ab. Das macht Werbung und Propaganda so schwierig und sorgt dafür, dass niemals alle Menschen erreicht werden.

Genau an diesem Punkt setzt zur gleichen Zeit, jedoch auf der anderen Seite des Atlantiks, ein anderer bedeutender Theoretiker der massenmedialen Manipulation an: Edward L. Bernays (1891–1995). 1928 veröffentlichte er eines der wichtigsten (aber leider wenig bekannten) Bücher des 20. Jahrhunderts: *Propaganda*.

Darin umreißt er die Bedeutung der Public Relations für moderne Gesellschaften. Gleich der erste Satz lautet unmissverständlich: „Die bewusste und zielgerichtete Manipulation der Verhaltensweisen und Einstellungen der Massen ist ein wesentlicher Bestandteil demokratischer Gesellschaften."

Für Bernays ist das wohlgemerkt kein Manko. Im Gegenteil, es ist eine schlichte Notwendigkeit. Der Grund: „Je komplexer unsere Zivilisation wird und je deutlicher sich zeigt, wie nötig die im Hintergrund arbeitenden Führungsinstanzen sind, desto konsequenter werden die technischen Mittel zur Steuerung der öffentlichen Meinung entwickelt und eingesetzt."

Bernays, Neffe von Sigmund Freud, war in den USA aufgewachsen und hatte daher ein unverkrampftes, demokratisches Verständnis zur Propaganda. Wie Domizlaff war ihm klar, dass Werbung zwar auf die Masse zielt, dabei jedoch den Einzelnen und dessen Interessen im Auge haben muss. Die Mediennutzung des Individuums blendete er jedoch weitgehend aus. Diese wurde erstmals wissenschaftlich von einer Frau in den Blick genommen: Herta Herzog (vgl. Grau 2013).

Nutzen und Belohnung

Herzog widmete sich einer einfachen Frage: Weshalb, wie und zu welchem Zweck nutzen Menschen eigentlich Medien?

Wie schon Domizlaff und Bernays hebt Herzog dabei vor allem auf den Nutzen der jeweiligen Medienrezipienten ab. Anhand von Untersuchungen zu den Hörern von Radio-Soaps kommt sie Anfang der 1940er-Jahre zu dem Ergebnis, dass diese vor allem ihren weiblichen Hörern emotionale Entlastung bieten, die Flucht aus der Wirklichkeit ermöglichen und einen ideologischen Rahmen zur Verfügung stellen, der den Umgang mit der Realität erleichtert. Der Uses-and-Gratifications-Ansatz war geboren.

Ideologisch beeinflusst war das Analysevokabular Herzogs vom Denken der Emigranten der Frankfurter Schule, namentlich von Theodor W. Adorno, der bis 1941 an besagtem Radioprojekt mitarbeitete: Die Daily Soaps böten ihren Hörerinnen demnach eine Pseudokatharsis, ermöglichten das Finden eines Sündenbocks für die eigene missliche Situation und eine Flucht aus der Wirklichkeit. Herzog hat diesen kulturpessimistischen Unterton in ihren späteren Arbeiten z. T. revidiert.

Einige Ungereimtheiten auch späterer Uses-and-Gratifications-Ansätze ergeben sich aus der nicht immer klaren Unterscheidung zwischen Gründen und Motiven. Denn Gründe liegen in der Vergangenheit und sind, folgt man dem Wortsinn, tatsächlich bewusst begründbar, also rational. Motive hingegen liegen eher in der Zukunft, sie bezeichnen ein Ziel, das dem Betroffenen nicht immer begrifflich klar vor Augen stehen muss. Herzogs Interesse galt also eher den Motiven als den Gründen für die jeweilige Mediennutzung.

Dennoch bleibt es das Verdienst von Herta Herzog, erstmals dezidiert die unterschiedlichen Motive für die Nutzung spezifischer Medienformate untersucht zu haben und den Rezipienten nicht als hilflosen Konsumenten und manipuliertes Opfer medialer Allmacht aufzufassen. Zugleich verwundert es nicht, dass die von ihr und späteren Wissenschaftlern (wie etwa Elihu Katz und David Foulkes) herausgearbeiteten Gründe und Motive der Mediennutzung vergleichsweise trivial erscheinen: Unterhaltung, Information, emotionale Kompensation und soziale Interaktion.

Denn zu welchem anderen Zweck als den genannten Gründen sollten Menschen Medien nutzen? Noch der kürzlich verstorbene Medienwissenschaftler Denis McQuail (1935–2017) arbeitete mehr oder minder mit diesen Motiven.

Insbesondere der Aspekt der emotionalen Kompensation – McQuail nennt es Bedürfnis nach persönlicher Identität – ist zudem anfällig für Unterstellung und intellektuelle Herabwürdigung, da er ein menschliches Manko markiert. Sich zu unterhalten, sich zu informieren oder popkulturell gesprächskompetent zu sein, sind gesellschaftlich anerkannte Ziele, die die allermeisten Menschen bewusst oder unbewusst verfolgen. Doch die Suche nach persönlicher Identität, nach Orientierung oder gar das Hinträumen in eine Scheinwelt klingt defizitär. Menschen, die Medien zu diesen Zwecken nutzen, sind im Kern unterentwickelte, nicht gereifte Persönlichkeiten, die – so die Unterstellung – die Medien benötigen, um sich in Traumwelten zu flüchten und ihre eigene, mediokre Existenz zu übertünchen.

Das mag, auch in dieser Drastik, mitunter zutreffen. Doch diese eskapistische Mediennutzung darf nicht den Blick dafür verstellen, dass Medien ganz grundlegend Halt und Orientierung bieten oder zumindest vermitteln.

Orientierung und Sinnstiftung

Medien sind ein Teil unserer Kultur. Manche würden vielleicht sogar sagen: Sie sind unsere Kultur. Denn nicht nur Medien sind Medien, sondern ein Medium ist alles, was Menschen dazu benutzen, um Kontakt mit ihrer Umwelt aufzunehmen, sie zu ergründen, zu verstehen oder zu verändern. In diesem umfassenden Sinne ist auch schon ein Faustkeil, ist jedes Artefakt zunächst ein Medium, das zwischen dem Menschen und der Welt oder auch anderen Menschen in irgendeiner Weise vermittelt.

Mit Medien in diesem allerweitesten Sinne ordnet der Mensch seine Welt. Umgeben von Chaos und absoluter Kontingenz ist jedes Artefakt, auch wenn es zunächst einem rein pragmatischen Zweck dient, immer auch ein Ausdruck des Versuchs, Ordnung und Übersicht zu schaffen. Jedes Kulturprodukt, jedes Medium hat neben seinem Nutzwert einen metaphysischen Mehrwert. Es ist Ausdruck dessen, was Albert Camus die „metaphysische Revolte" genannt hat: also der Versuch des Menschen, der amorphen Sinnlosigkeit der Welt eine sinnstiftende Struktur einzugravieren. Jeder Wolkenkratzer, jeder Park, jede Straße ist Zeugnis dieses menschlichen Bedürfnisses.

Das Tragische an diesem Unterfangen liegt darin, dass dieser Versuch zumindest partieller und temporärer Sinngebung und Ordnung von vornherein zum Scheitern verurteilt ist. Es ist eine grandiose Selbsttäuschung. Denn der Versuch, der Welt mittels menschlicher Manipulation Sinn und Ordnung abzupressen, ist allzu offensichtlich menschlich und damit Illusion.

Doch der Schein ist erträglicher als die nackte Wahrheit. Niemand hat das klarer auf den Punkt gebracht als – natürlich

– Friedrich Nietzsche, der in einem nachgelassenen Fragment notierte: „Der Wille zum Schein, zur Illusion, zur Täuschung, zum Werden und Wechseln ist tiefer, ‚metaphysischer' als der Wille zur Wahrheit, zur Wirklichkeit, zum Sein: Die Lust ist ursprünglicher als der Schmerz."

Also klammert sich der Mensch an seine Sinngebungskonstruktionen, wohl wissend, dass sie Trug sind. Das ist die Tragödie der Moderne. Denn Illusionen tragen nur, solange keiner weiß, dass sie Illusionen sind. So entsteht in der aufgeklärten Moderne eine Kluft zwischen Sinngebungswillen und erkannter Sinnlosigkeit. In diese Lücke springen die Medien im engeren Sinne, also Techniken zum Speichern und Übermitteln von Inhalten, die es ermöglichen, Sinngebungsangebote in der Endlosschleife zu rezipieren, zu reflektieren und so qua Dauermeditation über menschliche Befindlichkeiten eine letzte Form von quasi metaphysischer Sinngebung zumindest zu simulieren.

Anders formuliert: Die Welt des Medialen, die Produkte der globalen Medienindustrie generieren ein Orientierungsangebot für den Menschen der Moderne, der im Innersten sehr wohl weiß, dass es eine letzte Orientierung nicht gibt. Auch deshalb verlief der Aufstieg der Massenmedien zeitgleich mit der Zerstörung traditioneller Orientierungsangebote, der Säkularisierung der europäischen Gesellschaften und deren weitgehender Dechristianisierung.

Das zeitgenössische Medienrauschen ist so gesehen ein Sinnderivat einer spätmodernen Kultur, die an keinen Sinn mehr glaubt, sich dafür aber ein umso intensiveres Sinnplacebo in Form einer digitalen Medienwelt geschaffen hat. Wenn es nichts Sinnstiftendes mehr gibt, über das der Mensch kommunizieren könnte, dann wird die Kommunikation selbst zur Sinnstiftung und die Kommunikation über Kommunikation zum Orientierungsangebot. Man liegt daher sicher nicht falsch, wenn man die digitale Dauerkommunikation als das Gebet des modernen Menschen begreift und das Smartphone als sein Gebetsbuch.

Weder versteht man die Anatomie moderner Medien richtig noch ihre Nutzung durch den Menschen, wenn man aus dem Auge verliert, dass sie bei allen vorgeschobenen Gründen und Nützlichkeiten auch immer Orientierungspraktiken sind. Mit anderen Worten: Transzendenzersatz.

Literatur:
Grau, A.: *Massen in Zahlen fassen. Paul F. Lazarsfeld und die Anfänge moderner Wirkungsforschung.* In: tv diskurs, Ausgabe 61, 3/2012, S. 72–75
Grau, A.: *Lohn und Nutzen. Herta Herzog und die Grundlagen der Gratifikationsforschung.* In: tv diskurs, Ausgabe 65, 3/2013, S. 60–63

Dr. Alexander Grau arbeitet als freier Kultur- und Wissenschaftsjournalist u. a. für „Cicero", „FAZ" und den Deutschlandfunk.

© Stefan Seike

Selbstoptimiert und fremdbestimmt

Die Objektivierung unseres Verhaltens führt zum Verlust echter Subjektivität

Durch Livetracker ist der Faulpelz in uns messbar. Vorbei die Zeit, als wir uns Bewegungsmangel oder ein gutes Essen mit viel Wein schönreden konnten. Nun zeigt jeden Morgen die App objektive Bewegungsdaten inklusive Kalorienverbrauch, Gewicht sowie Schlafmenge und -qualität. Was die Hersteller als Hilfe zur Selbstoptimierung verkaufen, führt bei Soziologen verbreitet zu Besorgnis: Was bleibt vom selbstbestimmten Menschen, wenn die Optimierung der gemessenen Daten in den Vordergrund rückt? *tv diskurs* sprach darüber mit Dr. Stefan Selke, Forschungsprofessor an der Hochschule Furtwangen und Autor des Buches *Lifelogging. Wie die digitale Selbstvermessung unsere Gesellschaft verändert* sowie Herausgeber zahlreicher wissenschaftlicher Publikationen und Sammelbände zum Thema „Selbstvermessung".

Als ich das erste Mal etwas von sogenannten Livetrackern hörte, habe ich mir kurz darauf einen im Internet bestellt. Wie war das bei Ihnen?

Ich hatte einen Livetracker und habe insgesamt auf diesem Feld recht viel ausprobiert. Zusammen mit Studierenden habe ich selbst eine Livelogging-Kamera entwickelt. Ich habe mich dem Phänomen sehr praktisch, experimentell und anschaulich genähert. Was natürlich nicht heißen muss, dass ich damit einverstanden bin.

Ist es nicht faszinierend, dass wir so einfach aussagekräftige und objektive Daten etwa zu unserem Bewegungsprofil oder dem Kalorienverbrauch bekommen?

Ich persönlich bin ein Verfechter der Anschauung, dass Leben mehr ist als Zellteilung und pünktliches Erscheinen am Arbeitsplatz. Es umfasst eben nicht nur messbare Quantitäten, metrische Maße und Korridore, sondern auch qualitative Prozesse, die wesentlich komplexer darstellbar sind. Aber Zahlen und Grafiken scheinen Menschen das Gefühl von Sicherheit und Handhabbarkeit zu geben, was allerdings auch Tür und Tor für Obsessionen öffnet. Eine Frage ist: Gibt es so etwas wie eine nachweisbare Norm in den Bereichen „Prävention" und „Gesundheit"? Dann könnten diese Geräte tatsächlich eine Richtschnur sein. Beispiele zeigen, dass es aber offenbar auch noch um etwas anderes geht. Kapitalismuskritisch könnte man sagen, dass hier die Wachstumslogik mit in die Algorithmen eingebaut ist. Jede Norm, die erreicht wird, soll noch einmal getoppt werden – und zwar möglichst so, dass es andere auch mitbekommen. Das ist etwas ganz anderes als bloß eine objektive Rückmeldung zu meiner persönlichen Lebensführung.

Aber ist das nicht eine Frage des persönlichen Umgangs mit solchen Dingen? Ich z. B. amüsiere mich mehr über meine Messungen, vor allem über Lob und Tadel der App, wenn ich über oder unter dem angepeilten Ziel liege.

Natürlich kann man das Ganze auch mit Distanz betrachten, aber dafür braucht man die Fähigkeit zur Ironie; und Lebenserfahrung oder eine entsprechende Bildung – oder vielleicht auch beides. Ich kenne jedoch auch Menschen, die das völlig unironisch betrachten. Florian Schumacher, der Gründer von Quantified Self, ist so ein Mensch. Er sieht all das völlig ernsthaft als Notwendigkeit und versteht Menschen nicht, die das Angebot nicht benutzen oder gar ablehnen.

Was hat derjenige, der heute permanent damit beschäftigt ist, sich selbst zu optimieren, früher gemacht? Vielleicht hat er sich für Fußball interessiert oder ist anderen Dingen nachgejagt.

Aus soziologischer Sicht handelt es sich hierbei nicht um etwas strukturell Neues. Es gibt eine lange Tradition von Selbstvermessungsformen. In Vorträgen zeige ich immer wieder gern das Beispiel, wie die Kalorie als neue Maßeinheit entdeckt wurde. Man hat in der Bircher-Klinik bei Zürich Lebensmittel bis auf eine Nachkommastelle vermessen und gehofft, damit die Lebensführung optimieren zu können. Das ist nur ein Beispiel, welch obsessive Richtung das Bedürfnis nach Selbstoptimierung auch schon früher genommen hat. Dieses Delirium der Rationalität ist also nicht neu. Neu sind ein paar Dinge, die mit der Digitalisierung zusammenhängen: die Dynamik, die Möglichkeit, Daten zu teilen, zu veröffentlichen und sie in andere Kontexte zu stellen. Stichwort „Big Data": Die Daten werden erhoben und geraten dann über eine Systemgrenze plötzlich in einen anderen Kontext, vom privaten Badezimmer zur Human-Resources-Abteilung des Arbeitgebers oder zur eigenen Krankenversicherung. Das ist neu. Das ist der eigentliche Tabubruch. Die Kalorien wurden in der Klinik gemessen, da wurde keine Systemgrenze überschritten. Aber die heutigen Fitnessdaten lassen sich leicht auf Plattformen teilen – und die Dystopie besteht darin, dass sie dann zu ganz anderen Dingen genutzt werden können.

Früher oder später werden Livetracker dazu genutzt werden, Leben zu retten, indem gespeicherte Daten ausgewertet und im Falle von gesundheitlichen Gefahren frühzeitig Warnhinweise gegeben werden können. Ist das nicht ein schlagendes Argument dafür?

Das bringt mich zu zwei Überlegungen. Zum einen komme ich gerade aus dem Krankenhaus und bin völlig erbost darüber, wie dieses System funktioniert. Wenn Sie mich also heute in dieser Situation fragen, dann würde ich mir in der Tat wünschen, dass es von der Ambulanz bis hin zur Diagnose und Therapie eine Neuorganisation des Datenflusses im Gesundheitswesen geben würde. Geht es also um Datenmanagement im Gesundheitswesen, würden viele Mediziner, Medizinethiker und Gesundheitsinformatiker zustimmen und sagen: Wir brauchen eine bessere Datenübergabe. Zum anderen stellt sich aber immer auch die Frage, was eigentlich mit unseren persönlichen Daten passiert. Werden sie in irgendeiner Weise zusammengeführt? Mein Finanzstatus etwa ist kein zwingender Indikator für einen Herzinfarkt. Worauf ich hinaus will: Big Data soll aus vergangenen und aktuellen Korrelationen etwas herauslesen, was in der Zukunft eintreten kann. Und diese von Ihnen beschriebene Utopie, dass die Technik als eine Art medizinisches Frühwarnsystem genutzt wird, kann eben auch genau gegenteilig angewendet werden, indem man berechnet, wie teuer die Behandlung eines Schwerkranken ist und wann es ökonomisch „sinnvoll" ist, die Therapie abzubrechen und die Person sterben zu lassen.

Das erinnert mich an den CDU-Politiker Philipp Mißfelder, der die Frage aufwarf, ob es aus Kostengründen vertretbar sei, einem 80-Jährigen ein Hüftgelenk zu operieren.

Was zeigt, dass all diese Technologien bereits von einem gesellschaftlichen Diskurs vorbereitet worden und in diesen auch eingebettet sind. Die Ebene der Selbstoptimierung ist immer eingebettet in eine buchhalterische und volkswirtschaftliche Kostenkalkulation, in ein ideologisches Programm.

Im besten Fall führt ein Lifetracker aber doch tatsächlich dazu, dass ich mich mehr bewege oder meine Schlaf- und Essgewohnheiten verbessere. Er übernimmt also die Rolle, die früher mein soziales Umfeld, die Krankenkasse oder die Deutsche Gesellschaft für Ernährung hatte – nämlich die Ermahnung, mich gesund zu verhalten.

Ich möchte den Ball hier gern zurückspielen: Das, was Sie als gesellschaftliche Resonanz bezeichnen, wird – gerade in Bezug auf das Thema „Gesundheit" – häufig als Prävention zusammengefasst. Das ist äußerst spannend, wenn man sich anschaut, wo dieser Begriff herkommt: Er wurde im 19. Jahrhundert im Kirchenrecht geprägt und bedeutet „das Recht des Geistlichen, in die Bedarfe des Untergebenen einzugreifen". Das mag man nun unterschiedlich interpretieren, aber für mich klingt das sehr nach Bevormundung. Ich möchte lieber in einer Gesellschaft leben, in der ich selbst entscheiden kann, wie ich mich verhalte. Der Wesenskern der Autonomie ist, dass ich mir selbst meine Ziele setze und die Mittel wähle, mit denen ich diese Ziele erreichen will und auch die Konsequenzen dafür übernehme. Davon haben wir uns ein Stück weit entfernt, wenn wir den alten Gedanken der Prävention aufgreifen und von bestimmten Eliten definieren lassen, was richtig und was falsch ist.

Aber letztlich ist Optimierung doch eine Grundidee der Evolution. Interessant ist auch, dass es vor dieser körperlichen Optimierung eine „soziale Optimierung" durch soziale Netzwerke gab, in denen ich vom Nobody zu jemandem werden konnte, der in aller Welt präsent und wahrnehmbar ist.

Das führt mich zu der Frage: Wie viel Resonanzkanäle oder -räume habe ich eigentlich? Ist das jetzt auf einen einzigen reduziert? Ich benutze gern den Begriff „Lebensbewerbung": In diesem System sind wir alle als eine Art Lebendbewerbung unterwegs. Es gibt viele Untersuchungen dazu, wie sich der Druck zur Performance von der frühkapitalistischen bis hin zur postmodernen Gesellschaft verändert hat. Heute verkaufen wir nicht nur unsere Arbeitskraft, wie noch zu Marx' Zeiten, sondern wir müssen uns mit unserer gesamten Persönlichkeit vermarkten. Jedes Gespräch, jede Kommunikation ist eine Art Bewerbung auf irgendeinem Marktplatz. Das setzt das moderne Selbst unter einen wahnsinnigen Optimierungsdruck, wobei ich das evolutionäre Beispiel nicht heranziehen würde, da es hier immer um die Phylogenese, also um die Gattung und nicht den Einzelnen, geht. Deshalb bin ich als Soziologe mit diesen biologistischen Metaphern sehr vorsichtig. Die Optimierung der Gattung durch Mutation und Selektion ist sicherlich etwas anderes als die Optimierung eines Individuums. Bei Letzterem kommt nicht automatisch eine bessere Gesellschaft heraus.

Die Daten werden aber irgendwo in einem Zentrum gesammelt und gespeichert, womit sich die Möglichkeit ergibt, die Gesellschaft optimal zu überwachen und z. B. auch geringere Gesundheitskosten zu verursachen.

Aus soziologischer Perspektive muss man an dieser Stelle noch einmal einen halben Schritt zurücktreten, denn es geht hier nicht gleich um Überwachung, sondern um eine Reduktion von Komplexität. Lewis A. Coser hat schon in den 1970er-Jahren den Begriff der Greedy Institutions geprägt, der gierigen Institutionen. Er hat beobachtet, dass es diese Institutionen in modernen Gesellschaften gibt, die Menschen wie eine Zentrifuge anziehen, ihnen ein Lebensführungsprogramm offerieren und dadurch Komplexität reduzieren. Es wird eine Koordination und Synchronisation von Leben ermöglicht, dafür aber totales Engagement und Unterwerfung unter dieses Programm gefordert. Der Prototyp einer solchen Institution war für ihn die religiöse Sekte. Die gierigen Institutionen der digitalen Ära haben die Herrschaft über die Algorithmen übernommen. Es sind Firmen wie Facebook oder Google, die uns quasireligiöse Metaprogramme anbieten, die versprechen, die Welt einfacher und beherrschbarer machen. Vergangene Woche habe ich an einem Diskussionsabend im Schloss Bellevue teilgenommen, bei dem es um die Zukunft der Demokratie ging. Einer der geladenen Wissenschaftler hat den ganzen Abend davon geredet, dass rationale Algorithmen bessere Politik als fehleranfällige Menschen machen könnten. Dieser Gesellschaftsvertrag, wie Google das nennt, rückt tatsächlich in greifbare Nähe – und das, was wir jetzt erleben, ist quasi ein Trainingsprogramm, um es akzeptabler zu machen und um zu schauen, wo und wie die Welt durchrationalisiert werden kann. Das Delirium der Rationalität gibt es in vielen Bereichen. „Gesundheit" ist ein Bereich, der sehr lebensweltlich orientiert ist und uns sehr nahegeht. Genauso geschieht das aber heute auch schon in vielen Firmen. Die Folge der Komplexitätsreduktion sind kopierte Existenzen und Konformitätsdruck, der durch Kontrolle erzeugt und aufrechterhalten wird.

Wenn man mit Schülern oder Studenten spricht, sind den meisten die von Ihnen erwähnten Risiken bekannt, sie verspüren aber keinen Leidensdruck. Wenn sie ihre Daten nicht preisgeben würden, könnten sie an vielen technischen Errungenschaften nicht partizipieren oder Anwendungen nicht voll nutzen. Ich hatte bisher immer geglaubt, dass man das Bewusstsein für die Risiken durch Bildung schärfen könnte. Aber die gefühlsmäßige negative Resonanz scheint nicht vorhanden zu sein.

Ich habe in der letzten Zeit viele Vorträge über digitale Alchemie gehalten, weil ich versucht habe, für das Ganze eine Metapher zu finden. Comenius, der Begründer des modernen Schulwesens, war Alchemist. Alchemie bedeutet im Grunde nichts anderes als die Veredelung eines einfachen Gutes in eine edle Essenz mittels einer geheimen Transformation. Ohne das überstrapazieren zu wollen: Aber bei der Selbstvermessung ist das ähnlich. Wir gehen vom fehleranfälligen, suboptimalen Mängelwesen Mensch aus, das mittels algorithmischer Transformation in ein optimiertes Selbst verwandelt wird. Nach dieser Veredelung gibt es eine Sehnsucht. Vielleicht ist es eine, die sogar anthropologisch begründet ist, aber vielleicht wird sie auch durch Druck, Zwang und Leistungswillen ausgelöst. Letztlich bin ich zu dem Schluss gekommen: Man kann Menschen nicht davor schützen, wonach sie sich sehnen. Wir kennen die gierigen Institutionen, wir kennen deren Werkzeuge, deren Strategien und wir wissen um die Folgen – dennoch willigen wir in eine gewollte Schutzlosigkeit ein. Ein Grundproblem dabei ist meines Erachtens, dass wir nicht mit dieser korrelativen Macht umgehen können. Wir haben gelernt, durch die Sprache mit dem kausalen Aufbau der Welt umzugehen. Wir haben gelernt, die Welt zu klassifizieren. Wir können kausal zusammenhängend denken. Aber für die korrelative Herrschaft der Algorithmen – wenn man das so nennen möchte – haben wir kein Symbol- und Sprachsystem. Deshalb verstehen wir auch nicht, wie weitreichend gefährlich ihre Anwendung ist.

Sie verwenden den Begriff der Angst- und Kontrollgesellschaft. Aus meinem Theologiestudium ist mir in diesem Zusammenhang die lutherische Vorstellung von der Rechtfertigung in den Sinn gekommen: Gott sieht alles, Gott weiß alles! Und am Jüngsten Tag werden wir vor ihm stehen und müssen uns für das, was wir getan haben, rechtfertigen. Gewisse Analogien zu den digitalen Speichern gibt es hier sicherlich und es stellt sich die Frage, ob hinter all der Datensammlung nicht auch die Idee steckt, uns so zu normieren, dass wir uns gesellschaftlich optimal verhalten?

Aber was ist das gesellschaftlich Optimale? Viele haben versucht, genau das zu definieren, sind aber mit ihren Utopien grandios gescheitert. Das ist gerade etwas, was immer wieder neu ausgehandelt wird. Und das ist auch gut so. Es wird erst dann ein Problem, wenn eine Elite, eine einzelne Person oder eben eine Maschine versucht, das Optimum zu definieren. Die Diskurse der letzten zwei, drei Jahrzehnte zeigen auf der einen Seite eine anhaltende Betonung des Verantwortungsimperativs, auf der anderen Seite jedoch omnipräsente Erschöpfungsdiagnosen. Diese gehen durch alle Maßstabsebenen hindurch, vom erschöpften Selbst bis zur planetarischen Erschöpfung. Zwischen der Anrufung, selbstverantwortlich zu leben und gleichzeitig die Erschöpfungen zumindest zu lindern, hat sich eine riesige Kluft gebildet, die man nun mit technologischen statt mit sozialen Utopien zu füllen versucht. Hierbei macht mir vor allem die intransparente Form eines Algorithmus Angst, der ja von Menschen programmiert ist. Die entscheidende Frage ist hier immer: Wer sind eigentlich diese Leute? Welches Welt- und Menschenbild haben sie? Sind sie in irgendeiner Form zu Empathie fähig? Können sie die Standpunkte tauschen? Vielleicht – und damit kehre ich zu Ihrer Frage zurück – sollten wir nicht länger versuchen, den Menschen ihre Sehnsüchte abzugewöhnen, sondern wir sollten versuchen, den Programmierern beizubringen, ethisch zu handeln.

Künstliche Intelligenz z. B. wird bald den Arbeitsmarkt nachhaltig verändern. Schon heute entstehen wirtschaftliche Probleme dadurch, dass wir durch Rationalisierung und Digitalisierung zu viel produzieren und zu wenig Abnehmer haben. Hier zeigt sich der Widerspruch der Optimierung. Müssen wir uns als Soziologen und Ethiker also nicht mit der Frage beschäftigen, wie wir die bevorstehende Zukunft vernünftig und sozialverträglich gestalten können?

Ich denke da in eine ähnliche Richtung wie Sie und glaube, dass es letztlich darauf hinausläuft, dass wir uns freiwillig deprivilegieren müssen. Das gilt natürlich nicht für jene, die ohnehin keine Privilegien haben, aber sehr wohl für Wohlstandseliten. Natürlich steht das in diametralem Gegensatz zu sämtlichen Optimierungsbestrebungen, bei denen es darum geht, über neue Kennzahlen neue Privilegien zu definieren. Wir machen aus der Vielartigkeit von Menschen, die wir einst als Diversity gefeiert haben, eine Vielwertigkeit und exkludieren die vermeintlich Entbehrlichen. Die Möglichkeiten der Exklusion sind unendlich und sie sind unendlich menschenverachtend, weil sie eben rational untermauert werden. Jetzt muss ich niemanden mehr aus rassistischen oder sexistischen Gründen ausschließen, sondern ich kann es ganz einfach rational begründen. Was macht das mit uns und wie blicken wir auf uns selbst und auf andere? Ich befürchte, dass die Abweichungssensibilität zunimmt und dass das algorithmische Menschenbild eher dazu führt, dass wir Unterschiede, Abweichungen und Differenzen wahrnehmen und thematisieren und somit das humanistische Menschenbild in den Hintergrund rückt. Ich meine, dies sogar schon bei meinen Studierenden zu beobachten, die eher auf Unterschiede als auf Gemeinsamkeiten fokussieren.

Was wir mehr denn je brauchen, ist gesellschaftliche Empathie und Solidarität. Wie integrieren wir Menschen, die davon leben, dass sie ihre Arbeit und ihre Arbeitszeit anbieten, die dann immer weniger gebraucht werden?

Es gibt schon eine gewisse Schizophrenie in der Diskussion. Ich habe gerade erst einen Artikel zum Thema „Künstliche Intelligenz" gelesen, in dem vom letzten Kriterium der menschlichen Restüberlegenheit gesprochen wurde, der Empathie. Aber dann frage ich mich natürlich, warum ein Softwareprogrammierer so viel mehr verdient als eine Krankenschwester!? Wenn Empathie tatsächlich die menschliche Restüberlegenheit bezeichnet, dann muss das in einer ganz anderen Art und Weise bewertet werden und sich auch bei den Löhnen bemerkbar machen. Der Begriff „Empathie" ist mir noch viel zu eng. Ich glaube, es geht grundsätzlich um das Begriffspaar „Qualität" und „Quantität". Alles zu zerlegen und kleine Schnittmengen zu betrachten, geht für mich am Sinn des Lebens vorbei. Wir brauchen mehr Menschen, die noch in Qualitäten denken können. Es gibt eine schöne Liedzeile von Sandra Kreisler, der Tochter des bekannten Anarchisten Georg Kreisler: „Wie misst man Tränen? Am Volumen oder an der Zahl?" Ich eröffne mit dieser Zeile gern Vorträge – und die Zuhörer fangen dann an, nachzudenken. Natürlich kann man Tränen in beiden Einheiten messen, aber beide Methoden sind eine Reduktion und gehen am Eigentlichen vorbei: Warum weint die Person? Was ist gerade passiert? Da wird ein wesentlicher Weltbezug einfach herausgenommen und ausgelöscht. Das ist das, was im Zentrum dieser Debatte stehen sollte, dass wir die Möglichkeiten der Technologie nutzen, aber dass wir unseren Weltbezug nicht auf etwas reduzieren, was uns dann selbst zu einer Maschine macht. Leben ist mehr als das Befolgen einer Gebrauchsanleitung.

Das Interview führte Prof. Joachim von Gottberg.

Zurück in die Zukunft?

Klassische Wirkungsannahmen und digitale Herausforderungen

Patrick Rössler

Das Bonmot, wonach Prognosen besonders dann schwierig sind, wenn sie die Zukunft betreffen, scheint inzwischen reichlich abgegriffen. Was aber nichts daran ändert, dass es für den Bereich der Medienwirkungsforschung nach wie vor gilt: So heikel schon Annahmen über das Nutzungsverhalten zu treffen sind, so spekulativ sind oft Aussagen über dessen potenzielle Effekte. Regelmäßig stellt sich deswegen die Frage, ob die klassischen Wirkungsmodelle, die in der Kommunikationswissenschaft als „Ansätze mittlerer Reichweite" verhandelt (und von der Freiwilligen Selbstkontrolle Fernsehen [FSF] bei der Prüfung medialer Inhalte berücksichtigt) werden, in den Zeiten digitaler und sozialer Medien überhaupt noch Gültigkeit beanspruchen können.

Nur selten hat man als Wissenschaftler die Gelegenheit, sich über einen längeren Zeitraum mit einer so grundsätzlichen Fragestellung zu befassen. Eine erste „Zwischenbilanz" anlässlich einer Tagung vor knapp 20 Jahren (Rössler 1998) gelangte zu der wenig überraschenden Einsicht, dass „das Internet" nicht „wirkt". Vielmehr sind es die einzelnen Modi der Onlinekommunikation (damals noch mit heute fast vergessenen Begriffen wie „Usenet" oder „MUDs" besetzt), die durchaus unterschiedliche Charakteristika aufweisen; diese wiederum ermöglichen eine Abschätzung, ob und inwieweit klassische Wirkungsmodelle (wie Agenda-Setting oder die Kultivierungshypothese, um nur zwei Beispiele zu nennen) noch Gültigkeit beanspruchen können. Als die zentralen Beschreibungsdimensionen der damals neuen digitalen Medien stachen seinerzeit noch *Individualität*, *Interaktivität* und (Multi-) *Medialität* hervor.

Die Auflösung des Wirkungsbegriffs?

Die Strategie, zunächst die Wirkungsvermutungen hinsichtlich neuer Medienanwendungen mit der Logik der klassischen Ansätze zu erklären zu versuchen, leistet bis heute sinnvolle Erklärungsbeiträge: Die Netzwerkeffekte viraler Twitter-Botschaften lassen sich etwa nach wie vor gut mit den Mechanismen der Diffusionsforschung (Karnowski 2017) beschreiben oder die Strukturen in sozialen Netzwerken mithilfe des Meinungsführer-Konzepts (Jäckel 2016, S. 571). Geradewegs unzerstörbar scheint in dieser Hinsicht der Agenda-Setting-Ansatz, dessen so simple wie robuste Ausgangsannahme, wonach die Medien bestimmen würden, worüber ihr Publikum nachdenkt, auch in hybriden Medienwelten aus klassischer und Onlinekommunikation ihre Berechtigung hat. Die Zahl potenzieller Forschungsfragen scheint mit Blick auf Thematisierungsprozesse so unendlich wie die zyklisch, ja, permanent wiederkehrend zu stellende Frage nach der Aufmerksamkeit, die bestimmte Realitätsausschnitte genießen. Gerade hier zeigen empirische Studien sehr schön die Vielfalt an Dynamiken, unterschiedlichen Akteuren und Quellen auf, ebenso wie deren Einfluss auf die individuellen und kollektiven, politischen und lebensweltlichen Agenden (z. B. Neuman u. a. 2014).

Letztere Untersuchung lässt sich u. a. auf den Befund zuspitzen, dass die traditionelle Vorstellung eines kausalen Nachrichtenstroms aufgegeben werden muss – zugunsten einer parallelen Dynamik von Reaktionszeiten auf Journalisten- und Nutzerseite, die einer Netzwerklogik folgt. Diese teilweise Aufhebung der der Wirkungsforschung eigenen linearen Ursache-Wirkungs-Logik führt zurück zum dynamisch-transaktionalen Modell der 1980er-Jahre, das sich als theoretisches Rahmenkonzept besonders gut eignet, um die Effekte digitaler und interaktiver Medien zu strukturieren (Rössler 2015). Werner Früh und Klaus Schönbach, die dieses Modell schon im Lichte wechselseitiger Rückkopplungen zwischen Medien und ihrem Publikum entwickelt hatten, bauten dabei auf Überlegungen auf, die schon seit den 1950er-Jahren rund um die Idee transaktionaler Prozesse entstanden waren; und der ihnen innewohnende „common sense", dass man Medieneffekte eben nicht nach einem einfachen Reiz-Reaktions-Schema konzipieren könne (Schönbach 2017), scheint im Zeitalter vernetzter Kommunikation umso plausibler. Als größte, zunehmend unlösbare Herausforderung stellt sich dort nämlich die Isolierbarkeit von Ursachen und Folgeerscheinungen (Jäckel 2016, S. 576).

Umso mehr erstaunt, dass ein verdienstvolles und (zu Recht) beliebtes Lehrbuch der Medienwirkungsforschung in seiner gerade erschienenen 6. und überarbeiteten Auflage zwar die klassischen Ansätze mittlerer Reichweite mustergültig abarbeitet, aber bestenfalls sporadisch und nur in kleinen Addenda die Bedeutung des Wandels hin zur Nutzung digitaler, interaktiver Medien mitdenkt (Bonfadelli/Friemel 2017). Dies spiegelt etwa den Stand wider, den ich in einer zweiten Positionsbestimmung, etwa eine Dekade nach der eingangs erwähnten „Zwischenbilanz", anhand einer systematischen Literaturrecherche berichten konnte: Noch bis 2005 wurde in wissenschaftlichen Studien nicht nur oft unspezifisch von „dem Internet" und „dem Cyberspace" gesprochen; auch spielten die klassischen Wirkungsansätze bis dato in gerade 11 % der nationalen und internationalen Forschungsbeiträge eine Rolle (Rössler 2007).

Dieses Bild hat sich seither grundsätzlich verändert, zuletzt besonders auffällig durch die Arbeit der DFG-Forschergruppe „Politische Kommunikation in der Online-Welt" rund um Gerhard Vowe, die 2016 ihren zentralen Ergebnisband vorlegte (Vowe/Henn 2016). Verschiedene empirische Studien argumentieren hier vor dem Hintergrund altbekannter Ansätze wie Agenda-Setting, Agenda-Building, Gatekeeping, der Schweigespirale, der Wissenskluft-Hypothese oder dem Third-Person Approach und demonstrieren, wie diese – entsprechend modifiziert – nach wie vor einen wichtigen Erkenntnisbeitrag leisten können. Zuvor hatte sich schon 2013 ein Kompendium der Fachgruppe Rezeptions- und Wirkungsforschung in der DGPuK mit den „Theorieanpassungen in der digitalen Medienwelt" befasst und dabei eine Reihe dieser Ansätze in die Gegenwart weitergedacht (Jandura u. a. 2013). In diesem Kontext schien es entsprechend auch angebracht, für eine dritte „Zwischenbilanz" die oben erwähnte Begriffstrias durch die Dimensionen *Soziabilität*, *Visualität* und *Mobilität* zu ersetzen, die zur Beschreibung von Onlinemedien der Generationen 2.0 und höher inzwischen passender erschienen. Als zentrale Konzepte, die im Lichte aktueller Wirkungsprozesse von Belang sind, wurden *Selektivität*, *Glaubwürdigkeit*, *Vielfalt* und *Öffentlichkeit* identifiziert (Rössler 2013).

Das zirkuläre Wirkungsfeld

Letzteres spricht ein grundsätzliches, vielleicht das entscheidende Dilemma an, das sich der Medienwirkungsforschung klassischer Prägung aufgrund der neuen Kommunikationsmodi stellt: die Inflationierung von „Medienwirkungen" als Konsequenz einer medialen Durchdringung nahezu aller Lebensbereiche. In ihrer Abschiedsrede als Präsidentin der ICA beklagte Sonia Livingstone bereits 2008 die scheinbare „mediation of everything" (Livingstone 2009) und forderte u. a. eine begriffliche Klarheit ein, was sich im Deutschen in der Dualität von Mediatisierung und Medialisierung niederschlägt (Birkner 2017). Dahinter verbirgt sich die immer wieder neu zu stellende Frage nach dem Gegenstand dessen, was man im Rahmen der sozialwissenschaftlichen Medienwirkungsforschung eigentlich untersuchen will.

In Zeiten, in denen die Grenzen von Öffentlichkeit und Privatheit zunehmend verwischen, muss auch für die Analyse von Medienwirkungen ein zeitgemäßer Zugang gefunden werden. Brosius (2016) schlug hierfür kürzlich ein Modell vor, wonach „die Gesamtheit aller Kommunikationsaktivitäten, die wir beobachten können, öffentliche Kommunikation konstituiert" (S. 368) und für das einige Zusatzannahmen erforderlich sind, die u. a. das *Thema* als sinnstiftendes Merkmal und seine *Relevanz* in den Mittelpunkt der Überlegungen rücken. Das Aufgeben der „Masse" als konstitutives Element sowohl auf Angebots- wie auf Rezipientenseite (Jäckel 2016, S. 570) diskutierte jüngst auch Christoph Neuberger, der additive, disperse und kopräsente Kollektive unterscheidet. Erschienen in dem insgesamt lesenswerten, von Christian Katzenbach und Christian Pentzold herausgegebenen Sonderheft „Theoriearbeit in der Kommunikationswissenschaft zwischen Komplexitätssteigerung und Komplexitätsreduzierung" der Zeitschrift „Medien- und Kommunikationswissenschaft", verdeutlichen seine Überlegungen, dass unter Rückgriff auf die Komplexitätstheorie „die Vielzahl und Vielfalt der Elemente und Relationen, Selbstorganisation und adaptives Handeln der Teilnehmer sowie Eigendynamik und Emergenz der Prozesse in der öffentlichen Kommunikation mit einer großen Zahl von Teilnehmern erfasst" werden können (Neuberger 2017).

Die allseits wahrgenommene, gestiegene Komplexität in den Kommunikationsbeziehungen unserer Gesellschaft hat auch zur Folge, dass die einstmals klare Unterscheidung zwischen Mediennutzung und Medienwirkung in unseren Theoriemodellen auf den Prüfstand geraten ist. Helmut Scherer spricht sich dafür aus, beides als die Seiten derselben Medaille zu begreifen, die von der Kommunikationsforschung primär aus analytischen Gründen voneinander getrennt wurden (Scherer 2017, S. 145 f.). In anderen Worten: Das „Wirkungsfeld scheint mehr und mehr zirkulär organisiert zu sein" (Jäckel 2016, S. 576), womit die Selektion sowohl auf Anbieter- als auch auf Rezipientenseite als bestimmender Faktor sowohl für Nutzungs- als auch für Wirkungsmuster in den Fokus der Überlegungen rücken muss. Das Zusammenspiel von für Nutzer maßgeschneiderten („customized") digitalen Technologien und der selektiven Wahrnehmung („selective exposure") des Individuums lässt sich dabei modellhaft als ein Zusammenspiel aus personen-, inhalts- und systemzentrierten Faktoren beschreiben (Dylko 2016, bes. S. 395).

Eine spezifische Form dieses Zusammenspiels beflügelt seit einiger Zeit öffentliche wie akademische Diskussionen: die von Eli Pariser formulierte These von der uns umgebenden „filter bubble", die sich aus einer algorithmengesteuerten Selektion unseres Onlinemenüs ergibt, in die Nutzerdaten ebenso einfließen wie die Softwarevorgaben der Programmierer. Die Konsequenz daraus, dass wir uns nur noch in sich gegenseitig verstärkenden „Echokammern" bewegen, in denen wir ausschließlich Gleichgesinnte und uns genehme Meinungen antreffen, wird von der Forschung allerdings bislang nicht bestätigt. In den Befunden einer eben veröffentlichten deutschen Mehrmethodenstudie heißt es dementsprechend, „der Anteil algorithmisch gesteuerter Informationen bestimmt das Informationsrepertoire (noch) nicht – oder anders ausgedrückt, der Anteil von Nachrichten, die aus personalisierten Quellen bezogen werden, ist überschaubar. Damit sind die Voraussetzungen für Filterblasen mit Blick auf die Informationsrepertoires bislang nicht gegeben" (Stark u. a. 2017, S. 187). Auch US-amerikanische Studien, die auf das Nutzungsverhalten von 50.000 Onlinern zurückgreifen konnten, zeigen eher bescheidene Effekte sowohl für als auch gegen den Echokammer-Effekt (Flaxman u. a. 2016).

Ganz deutlich hat sich allerdings die prognostizierte Bedeutung der Glaubwürdigkeit als eine der Schlüsselvariablen in aktuellen Medienwirkungsprozessen erwiesen. Dabei belegen international vergleichende Studien, dass gerade Politiker Twitter bevorzugt als ein Verbreitungsinstrument („broadcasting tool") für ihre Botschaften nutzen – und weniger als Mittel zur Interaktion. Es wird vermutet, dass Politiker auf diese Weise versuchen, für sie unangenehmen, oft auch in unzivilisiertem Ton geführten Diskussionen auszuweichen – und dies, obwohl sie wissen, dass in diesem personalisierten Kontakt gerade die Chance des Kanals liegen könnte (Theocharis u. a. 2016).

»Was wir über die Welt wissen, wissen wir aus einem kleinen Bildschirm, der uns sozial, redaktionell und algorithmisch aufbereitete Informationen präsentiert, dabei Sensationalisiertes, Zugespitztes, Radikales tendenziell bevorzugt, was durch die Echokammern der Netzöffentlichkeit selbstverstärkend wirkt.«

Sascha Lobo: *Das Ende der Gesellschaft. Von den Folgen der Vernetzung.* Tübinger Mediendozentur 2016

Big Data, Small Data, your data

Digitale Medien dominieren inzwischen das Analyserepertoire aktueller Medienwirkungsstudien, wie es sich auch im „State of the Art“ des Feldes niederschlägt (Rössler 2017). Als eine besondere Herausforderung erweisen sich nach wie vor aber die großen digitalen Datenmengen, wie sie zum einen ohnehin anfallen – etwa als Webseiten-Inhalte, Tweet-Archive oder RSS-Feeds – und zum anderen durch die Onliner als Spuren ihres Nutzungsverhaltens hinterlassen werden, sich als Klicks manifestieren und in Logfiles kristallisieren. Diese massenhaft verfügbaren, maschinell lesbaren und deswegen verschiedenen Analyseverfahren zugänglichen „Beobachtungsdaten“ eröffnen neue Forschungsoptionen, wie sie beispielsweise das Sonderheft „Big Data in Communication Research“ des „Journal of Communication“ (2/2014/64) illustriert. Allerdings sollte das Erkenntnispotenzial aus diesen digitalen Spuren nicht überschätzt werden – wie bei allen Beobachtungsverfahren besteht die Kunst darin, das manifest Erhobene korrekt zu interpretieren. Nicht alle Forschungsfragen lassen sich deswegen sinnvoll mit Big Data bearbeiten.

Umso mehr gilt dies für jene Medieneffekte, die sich auf der Ebene des einzelnen Individuums niederschlagen und auf psychologischen Verarbeitungsprozessen beruhen, mithin für gewöhnlich eher durch Small Data – sprich: Laborexperimente oder qualitative Forschung – untermauert werden. So beleuchtete kürzlich eine Befragungsstudie auf dem Feld der Wirkung von Gewaltdarstellungen in Onlinemedien facettenreich die komplexen Hintergründe der Gewaltrezeption – und zwar jenseits der althergebrachten Frage, ob daraus eigene Gewaltbereitschaft resultiert. Mediennutzer geben vielmehr an, dass sie aus Gewaltdarstellungen u. a. etwas über die soziale Wirklichkeit lernen, sie Empathie für die Opfer von Gewalttaten und Betroffene wie Polizisten oder Soldaten entwickeln oder sie zur Reflexion über das Rollenverständnis von Tätern und Opfern angeregt werden (Bartsch u. a. 2016).

Wie relevant traditionelle Wirkungsannahmen bis heute sein können, lässt sich besonders plastisch am jahrhundertealten „Werther-Effekt“ illustrieren, wonach die medial auffällige Zurschaustellung von Suiziden die Zahl der versuchten und ausgeführten Selbstmorde nach oben treibt. Ähnliche statistische Zusammenhänge wurden zuletzt wieder im Zusammenhang mit der über den digitalen Abrufdienst Netflix verbreiteten Serie *Tote Mädchen lügen nicht* (OT: *13 Reasons Why*) ermittelt: Eine Zeitreihenanalyse amerikanischer Google-Trends-Daten (Big Data) ergab, dass die Suchanfragen nach „suicide“ in den rund drei Wochen nach der Bereitstellung der Serie kumuliert um 19 % (oder ca. eine Mio. Anfragen) angestiegen waren (Ayers u. a. 2017). Darunter waren allerdings auch Suchen nach Präventionsmaßnahmen und Hilfe-Hotlines – und nicht nur nach Handlungsanweisungen. Auch für Deutschland hat mit der Veröffentlichung der Serie in 2017 eine erhöhte Nachfrage nach Beratung eingesetzt, wie die FSF auf ihrer Website diskutiert (Keller 2017). Die jugendpsychiatrischen Vereinigungen des Landes haben deswegen in einer gemeinsamen Stellungnahme Lehrer und Eltern dazu aufgerufen, die Serie mit den Kindern in einem geschützten Setting anzusehen, sie raten psychisch labilen und vulnerablen jungen Menschen dringend vom Konsum der Serie ab (DGKJP/DGPPN 2017). Angeblich haben zwei Schülerinnen in Oberösterreich versucht, sich nach dem Serienvorbild zu töten, wie die „Passauer Neue Presse“ im Mai 2017 berichtete (PNP 2017). Auch wenn es dafür keines derart drastischen Belegs bedurft hätte: Die Medien wandeln sich, manche Wirkungsmuster kehren wieder.

Klaus Schönbach schrieb 1997 in einem Essay für die „Publizistik“ von der „Illusion eines hyperaktiven Publikums“ und sah auch 2004 noch keinen Grund, diese denkwürdige Sprachfigur zurückzunehmen (Schönbach 1997; 2004). Bis heute spielt der „passive“ Medienkonsum eine wichtige Rolle, egal ob die Berieselung von der Mattscheibe oder aus Videoplattformen herabregnet – und die pure Interselektivität, die das Surfen erfordert, unterscheidet sich inzwischen nur noch graduell vom Zappen mit der Fernbedienung. Aber dennoch: In die jüngere Generation, die schon Schönbach als potenzielle Kandidaten für einen Nutzungswandel identifiziert hatte, ist in den vergangenen 13 Jahren Bewegung geraten. Die Eigenproduktion von Inhalten ist selbstverständlicher denn je, ob ein flüchtig dahingeworfener Kommentar unter einem Artikel auf „Spiegel online“ oder der Tweet von unterwegs, das Foto vom Mittagessen für die Facebook-Timeline bis hin zu den Millionen Blogs, Podcasts und YouTube-Kanälen; ein Jahrzehnt nach dem Aufruf „Broadcast yourself“ gehören „YouTuber“ und „Influencer“ zu den angesagten Berufswünschen der Digital Natives. Für die Medienwirkungsforschung stellt sich hier einmal mehr die ethische Frage, ob all das, was online beobachtbar ist (und damit den Brosius'schen Öffentlichkeitsbegriff von oben erfüllt) tatsächlich auch von der Sozialwissenschaft beobachtet werden soll. Denn so verstörend es uns auch vorkommen mag: Das bereitwillige Teilen intimster Posts und Fotos auf dem persönlichen Facebook-Account schließt nicht automatisch die „informierte Einwilligung" („informed consent") ein, dass ein Medienwirkungsforscher diese Angaben beobachten, sammeln und auswerten darf.

Literatur:

Ayers, J. W./Althouse, B. M./Leas, E. C./Dredze, M./Allem, J. P.: *Internet Searches for Suicide Following the Release of* 13 Reasons Why. In: JAMA Intern Med., Juli 2017. Abrufbar unter: http://jamanetwork.com/journals/jamainternalmedicine/article-abstract/2646773 (letzter Zugriff: 03.09.2017)

Bartsch, A./Mares, M.-L./Scherr, S./Kloß, A./Keppeler, J./Posthumus, L.: *More Than Shoot-Em-Up and Torture Porn: Reflective Appropriation and Meaning-Making of Violent Media Content.* In: Journal of Communication, 66/2016, S. 741–765

Birkner, T.: *Medialisierung und Mediatisierung.* Baden-Baden 2017

Bonfadelli, H./Friemel, T. N.: *Medienwirkungsforschung.* Konstanz 2017[6]

Brosius, H.-B.: *Warum Kommunikation im Internet öffentlich ist.* In: Publizistik, 61/2016, S. 363–372

DGKJP/DGPPN: *Gemeinsame Stellungnahme von DGKJP und DGPPN zur TV-Serie „Tote Mädchen lügen nicht". Warnung: „Tote Mädchen lügen nicht" könnte Suizide auslösen.* Abrufbar unter: http://www.dgkjp.de/aktuelles1/446-gemeinsame-stellungnahme-von-dgkjp-und-dgppn (letzter Zugriff: 03.09.2017)

Dylko, I. B.: *How Technology Encourages Political Selective Exposure.* In: Communication Theory, 26/2016, S. 389–409

Flaxman, S./Goel, S./Rao, J. M.: *Filter Bubbles, Echo Chambers, and Online News Consumption.* In: Public Opinion Quarterly, 80/2016, S. 298–320

Jäckel, M.: *Wirkungsforschung: Auf der Suche nach den Ursachen.* In: Media Perspektiven, 11/2016, S. 569–577

Jandura, O./Fahr, A./Brosius, H.-B. (Hrsg.): *Theorieanpassungen in der digitalen Medienwelt.* Baden-Baden 2013

Karnowski, V.: *Diffusionstheorien.* Baden-Baden 2017[2]

Keller, L.: *Selbstmord in Serie.* In: FSF-Blog, 16.05.2017. Abrufbar unter: http://blog.fsf.de/panorama/bildrauschen/selbstmord-in-serie/2017/05 (letzter Zugriff: 03.09.2017)

Livingstone, S.: *On the mediation of everything: ICA presidential address 2008.* In: Journal of Communication, 59/2009, S. 1–18

Neuberger, C.: *Die Rückkehr der Masse. Interaktive Massenphänomene im Internet aus Sicht der Massen- und Komplexitätstheorie.* In: Medien & Kommunikationswissenschaft, 65/2017, S. 550–572

Neuman, W. R./Guggenheim, L./Jang, S. M./Bae, Y. S.: *The Dynamics of Public Attention: Agenda-Setting Theory Meets Big Data.* In: Journal of Communication, 64/2014, S. 193–214

PNP [Kürzel]: *Wie in einer Serie: Schülerinnen wollten sich das Leben nehmen.* In: Passauer Neue Presse, 19.05.2017. Abrufbar unter: http://www.pnp.de/nachrichten/bayern/2517012_Wie-in-der-Serie-Oesterreichische-Schuelerinnen-planen-Suizid.html (letzter Zugriff: 03.09.2017)

Rössler, P.: *Wirkungsmodelle: die digitale Herausforderung. Überlegungen zu einer Inventur bestehender Erklärungsansätze der Medienwirkungsforschung.* In: Ders. (Hrsg.): Online-Kommunikation. Beiträge zu Nutzung und Wirkung. Opladen 1998, S. 15–46

Rössler, P.: *Wirkungsmodelle: die digitale Herausforderung revisited. Forschungsstand zu Wirkungen von Online-Kommunikation – ein rückblickender Essay.* In: S. Kimpeler/M. Mangold/W. Schweiger (Hrsg.): Die digitale Herausforderung. Zehn Jahre Forschung zur computervermittelten Kommunikation. Wiesbaden 2007, S. 91–103

Rössler, P.: *Soziabilität, Visualität, Mobilität. Online-Kommunikation als permanente Herausforderung der Medienwirkungsforschung.* In: O. Jandura/A. Fahr/H.-B. Brosius (Hrsg.): Theorieanpassungen in der digitalen Medienwelt. Baden-Baden 2013, S. 51–70

Rössler, P.: *Dynamisch-transaktional modellieren heute. Zur Relevanz eines klassischen kommunikationswissenschaftlichen Theorie-Rahmenkonzeptes im Kontext medialer Innovationen.* In: H.-J. Stiehler u. a. (Hrsg.): Inspiration und Systematik. Leipzig 2015, S. 48–82

Rössler, P. (Hrsg.): *The International Encyclopedia of Media Effects,* 4 Bände. Chichester 2017

Scherer, H.: *Connecting Media Use to Media Effects.* In: P. Rössler (Hrsg.): The International Encyclopedia of Media Effects, Band 3. Chichester 2017, S. 137–148

Schönbach, K.: *Das hyperaktive Publikum: Essay über eine Illusion.* In: Publizistik, 42/1997, S. 279–286

Schönbach, K.: *Das hyperaktive Publikum – noch immer eine Illusion. Ein Essay, „revisited".* In: C. zu Salm (Hrsg.): Zaubermaschine interaktives Fernsehen? TV-Zukunft zwischen Blütenträumen und Businessmodellen. Wiesbaden 2004, S. 113–120

Schönbach, K.: *Media Effects: Dynamics and Transactions.* In: P. Rössler (Hrsg.): The International Encyclopedia of Media Effects, Band 3. Chichester 2017, S. 974–983

Stark, B./Magin, M./Jürgens, P.: *Ganz meine Meinung? Informationsintermediäre und Meinungsbildung – Eine Mehrmethodenstudie am Beispiel von Facebook.* Düsseldorf 2017

Theocharis, Y./Barberá, P./Fazekas, Z./Popa, S. A./Parnet, O.: *A Bad Workman Blames His Tweets: The Consequences of Citizens' Uncivil Twitter Use When Interacting With Party Candidates.* In: Journal of Communication, 66/2016, S. 1007–1031

Vowe, G./Henn, P. (Hrsg.): *Political Communication in the Online World: Theoretical Approaches and Research Designs.* New York/London 2016

Dr. Patrick Rössler ist Professor für Kommunikationswissenschaft an der Universität Erfurt mit dem Schwerpunkt „Empirische Kommunikationsforschung/Methoden". Außerdem kuratiert er Ausstellungen auf dem Gebiet der visuellen Kommunikation in historischer Perspektive.

Selfies und Selbstrepräsentation

Ramón Reichert

Das Buzzword „Selfie" beschreibt ein zentrales Kulturmuster der digitalen Gesellschaft. In der Selfie-Generation nehmen egozentrische Selbstdarsteller und smarte Power-User immer mehr Einfluss auf soziale Rollenmodelle, Identitätsskripte und politische Denkweisen der Gegenwart. Selfies sind längst nicht nur Verstärker der digitalen Ego-Netzwerke, sie beherrschen die Bildkultur der Gegenwart und formen das kollektive Gedächtnis für künftige Generationen.

Das Medium einer selbstverliebten Generation?

Als im Jahr 2013 Barack Obama mit dem britischen Premier David Cameron und der dänischen Ministerpräsidentin Helle Thorning-Schmidt beim Begräbnis von Nelson Mandela für ein Selfie posierte, verlor der digitale Kult des Selbstporträts seine öffentliche Unschuld. Die britische Boulevardzeitung „The Sun" titelte *No Selfie Respect* und skandalisierte den Schnappschuss gar als „Selfie-Gate". Auf Twitter wurde das Obama-Selfie mit dem Hashtag #EpicFail konnotiert. Obwohl das Selfie der drei Politiker nie die Öffentlichkeit erreichte und lediglich ein heimlich aufgenommenes Paparazzo-Foto das Posieren vor dem Handy belegte, tobte ein Shitstorm durch die sozialen Medien, der die moralische Integrität von Obama nachhaltig beschädigte. Warum konnte ein Bild, das in der Öffentlichkeit gar nicht sichtbar war, einen derartigen Skandal hervorrufen?

Selfies sind Fotos von sich selbst. Sie dienen der Selbstdokumentation und der Automedialisierung und befinden sich daher in einem diametralen Spannungsverhältnis zu sozialen Konventionen, in denen der Einzelne nicht im Mittelpunkt steht. Von dieser Spannung profitiert die mediale Skandalisierung der Selfies, die den „Narzissmus" der Selbstdarstellung anprangert und dabei oft private Fotografien ins Licht der Öffentlichkeit zerrt (um sie noch bekannter zu machen).

Seit dem sogenannten „Selfie-Gate" versucht die Medienberichterstattung, vor allem das jugendkulturelle Bildhandeln verächtlich abzumahnen. Es heißt dann, dass das Selfie stellvertretend für eine „selbstverliebte" Generation stehen würde, die vor allem über Selbstbilder kommuniziert und nur an sich selbst interessiert sei. Es ist auffällig, dass die aktuellen Medienberichte den jugendkulturellen Gebrauch von Selfies allgemein als Narzissmus einer ganzen Generation brandmarken und dabei oft Mädchen zeigen, die ihre Handys als Spiegel

benutzen. Damit suggerieren sie, dass Selfies genuin einem weiblich konnotierten Gebrauchskontext entstammen und instrumentalisieren Frauen als Allegorien einer moralisch verwerflichen Bildpraxis. Sie unterstellen Frauen ein genuin weibliches Genießen an der Selbstdarstellung und bestätigen damit alte Vorurteile und stereotype Ressentiments gegenüber Frauen.

Als Bildmotiv von Vanitas-Allegorien etablierten sich seit Jahrhunderten die sogenannten Toilettenszenen, die eine dem zeitgemäßen Schönheitsideal entsprechende Frau vor dem Spiegel zeigten. In seiner moralischen Verwendung wurde der Spiegel in den Allegorien der Sünden stets negativ eingesetzt und konnotierte „Unkeuschheit", „Eitelkeit" und „Stolz", die an die „Schönheit", „Jugendlichkeit" und „Selbstverliebtheit" der Frau gekoppelt waren. Dabei überwog die „selbstgefällige Eigenbetrachtung" die kontemplative Funktion des „Sich-Widerspiegelns". Durch die Verknüpfung der Vanitas-Allegorie mit dem Spiegelmotiv wurde ein Frauenbild entworfen, in dem sich ein „eitler" Selbstbezug als schöner Schein entlarven sollte. Spiegelszenen kommunizierten stets auch eine normative Vanitas-Idee: Die in den Spiegel blickende Frau gelangt zu der Erkenntnis, dass er als Medium keines ihrer Bilder speichern kann. Diese Versuchsanordnung leitet das Motiv der Vergänglichkeit vom Scheitern ab, ein Bild der Frau herzustellen, das Bestand hat.

Bildkultur 2.0

Das Neue an Selfies ist, dass die Übertragung von Bildern instantan möglich sein kann, sie sind quasi in Echtzeit im öffentlichen Raum verbreitbar, und Selfies schaffen es, Skandale in der Öffentlichkeit herzustellen. Ein Beispiel dafür sind die in der Medienöffentlichkeit skandalisierten Holocaust-Selfies. Selfies werden heute etwa mittels Twitter verbreitet und können mithilfe von Retweet-Ketten binnen weniger Stunden Tausende Nutzer erreichen. Die rasante Verbreitung von digitalen Selbstbildern erweitert private Nutzungsräume und sorgt für eine bisher ungekannte Vermischung von Privatheit und Öffentlichkeit. Diese neue Vermischung von persönlicher Intimität und öffentlicher Wahrnehmung ist besonders augenfällig geworden an der Verbreitung von Selfies an Orten der kollektiven Erinnerungskultur.

In der medienöffentlichen Wahrnehmung firmieren Gedenkstätten als einmalige Gedächtnisorte kollektiver Trauer: Eine Inszenierung von privaten Selbstbildern widerspricht dem Selbstverständnis einer kollektiv geteilten Trauerkultur. Holocaust-Selfies resemantisieren diese Gedächtnisräume kollektiver Identitätspolitik und erzeugen eine Spannung zwischen kollektiver Trauer und radikal subjektiver Aneignung, die vermittels der Selfies als „privatisierbar" in Aussicht gestellt wird. Auch wenn Holocaust-Selfies privat hergestellt werden, erreichen sie dennoch vermittels einschlägiger Hashtags und digitaler Profilbildung eine breite Medienöffentlichkeit.

Diese vereinfachten Möglichkeiten zur multimedialen Selbstveröffentlichung im Internet ermöglichen neue Formen der kollektiven Vernetzung von Bildern. Kennzeichnend für die niedrigschwellige und zeitsparende Produktion von Selbstbildern ist die Kultur des Selbermachens. Diese Kultur des Selbermachens eröffnet nicht nur ein neues Wechselverhältnis von Praktiken des Selbstbezugs und medialen Technologien, sondern beeinflusst auch als ästhetisches Mittel die Repräsentationen des kulturellen Erinnerns von Gemeinschaften.

Die Intimsphäre, das persönliche Bekenntnis, die inszenatorische Selbstdarstellung u. a. m. werden zu Themen mehr oder weniger neuer massenmedialer Formate, die sich auf die interaktiven Onlinemedien ausdehnen. In dieser Sichtweise können die digitalen Netzwerke immer auch als mediale Anordnungen verstanden werden, die auf die beteiligten Akteure institutionellen und normativen Druck ausüben, sich am Prozess der Selbstthematisierung zu beteiligen. Vor diesem Hintergrund wird die als mach- und planbar wahrgenommene Lebensgeschichte zum Gegenstand medialer Erzählstrategien, mit denen versucht wird, das eigene Leben vermittels narrativer Identitätsstile, multimedialer Medienformate und Formen der Geschlechtsinszenierung zu verorten.

Die digitalen Medien der Selbstdokumentation vermittels der Smartphone-Technologien der permanenten Konnektivität und ihrer räumlichen Annotationen (Snapchat u. a.) eröffnen daher neuartige Handlungsräume für Selbstmodellierungen, insofern die Selbstbilder immer auch in digitale Gebrauchs- und Verbreitungskontexte – Tracking-, Gamification- und Surveillance-Tools – verwoben sind. Die kommerziell motivierte Adressierung der User als Produzenten ihres eigenen Selbstbildes (Do-it-yourself-Ästhetik) darf jedoch nicht darüber hinwegtäuschen, dass Selfies immer auch in digitalen Medienkulturen verortet werden und innerhalb der Ökonomien der digitalen Vernetzung vermittels der Klicks, Likes, Tags und Comments mit den Kulturtechniken des Benennens, Sammelns, Auswertens und Zählens verknüpft sind.

In dieser Hinsicht sind nicht nur die Selfies als Content, sondern auch die technischen Infrastrukturen der Vernetzungskulturen (Foren, Plattformen) in ökonomische und politische Strukturen eingebettet, die zur Herausbildung von spezifischen Ritualen, Normen und Leitbildern der Selbstdarstellung führen. Im Social Net befindliche Selfies werden unaufhörlich weitergereicht, kommentiert und bearbeitet. Daher sind die Prozeduren der wechselseitigen Bewertung und die Zirkulationssphären der Bilder genauso wichtig wie die Inhalte selbst: Selfies sind heute untrennbar verbunden mit Feedbacksystemen, Leistungsvergleichen, Qualitätsrankings, flexiblen Prozesssteuerungen, Selbsterfahrungskatalysatoren oder Zufriedenheitsmessungen. Erfolgreiche Selfies werden in den sozialen Netzwerkseiten sichtbar gemacht. Ihre Transparenz sorgt wiederum für Anpassungsleistungen, denn andere Nutzer entwickeln eine plattformspezifische Aufmerksamkeit für erfolgreiche Selfies und versuchen in der Folge, diese mimetisch auf ihr eigenes Selbstbild zu übertragen.

Die faciale Gesellschaft

Die hohe Verbreitungsdichte der Smartphones und ihrer mobilen Vernetzung mittels Apps hat dazu geführt, dass kommunikative Praktiken der Selbstthematisierung stark an Bedeutung gewinnen konnten. In Verknüpfung mit den bildgebenden Aufzeichnungs- und Speichermedien spielen Bilder in der alltäglichen Kommunikation eine zentrale Rolle. Wenn Bilder bei der Anerkennung von Individuen einen derart großen Stellenwert aufweisen, dann gewinnen auch medienvermittelte Aufführungen, Inszenierungen und Rituale immer mehr an Bedeutung.

Digitale Kommunikationsmedien erzeugen einen sozialen Druck, sein Gesicht zu zeigen. Der Kulturtheoretiker Thomas Macho führt die allgegenwärtige Präsenz von Gesichtsbildern auf spezifische Medientechniken zur Vervielfältigung des Porträts zurück. In diesem Sinne verdankt sich der Aufstieg der facialen Gesellschaft den Massenmedien und ihren Verbreitungstechnologien – von der Rotationspresse des 19. Jahrhunderts bis zu den Retweet-Ketten als Verbreitungsmechanismus für Selbstbilder. Vor diesem Hintergrund erweist sich die Geschichte des Gesichts als eine Geschichte seiner medialen Ermöglichung und gesellschaftlichen Codierung, die sich in den unterschiedlichen Darstellungen des Gesichts widerspiegelt. Über die Präsentation, den Austausch und die Zirkulation von Bildern beziehen die Digital Natives ihre Selbstbilder. Mit ihren Selfies basteln sie an ihrem digitalen Image und erzeugen dabei Wunschbilder, die tagtäglich aufs Neue befriedigt werden müssen. Das Selfie ist das visuelle Vermächtnis der Facebook-Generation. Seine Existenzgrundlage bilden die „Likes" der Netz-Communities. Mit ihren Selfies rücken sich zwar die Einzelnen ins Bildzentrum, aber als sozial geteilte Bilder müssen sie sich auch bestimmten Rollenerwartungen, Körpernormen und Schönheitsidealen unterordnen. In dieser Hinsicht sind es nicht nur die Einzelnen, die sich selbst zum Thema von Kommunikation machen. Selfies transportieren auch sozial habitualisiertes Verhalten und kulturelle Codes, mit welchen der Einzelne versucht, Anerkennung und Gruppenzugehörigkeit zu lukrieren.

Historische Bildkulturen

Selfies sind nichts Neues. In ihnen überlagern sich alte und neue Bildkulturen. Als Selbstporträts verweisen sie auf eine jahrhundertelange Tradition, die sich bis in die Antike zurückverfolgen lässt, wenn wir an die Mumienporträts aus römischer Zeit denken. In der Blütezeit der italienischen Renaissance wurde dem Porträt die Bedeutung eines Charakterbildes gegeben. Diese Bildkultur war eng geknüpft an den Aufstieg des Individuums. Auch städtische Adelsfamilien und Herrschaftshäuser waren Auftraggeber, nicht mehr nur die Kirche. Die Hauptmotive früherer Porträtkulturen kreisen nicht nur um die Selbstbezüglichkeit der Dargestellten. Selbstdarstellungen dienten etwa zur Standesrepräsentation und wurden zur bilddokumentarischen Legitimation von Herrschaft und Macht eingesetzt. Damit gehen Porträts weit über einen selbstdarstellerischen Gebrauch hinaus.

Es gab auch immer schon Künstler, die sich mithilfe des Spiegels selbst gezeichnet haben. Porträtbilder verweisen auf mehr oder weniger exklusive Bildpraktiken, die sowohl Praktiken der Selbsterkundung als auch Praktiken der Selbstvermarktung miteinschließen (siehe die Porträts von Dürer oder Rembrandt). Auch in der Fotografie hat es Selbstporträts seit Anbeginn – also seit der Mitte des 19. Jahrhunderts – gegeben. Damals fand eine schrittweise Demokratisierung des Porträts statt, die ihren vorläufigen Höhepunkt in der Erfindung der handlichen Kodak-Kamera (1888) hatte – eine Trendwende, da von da an die Kamera leicht zu bedienen und kostengünstig war. Mit der breiten Erschließung von Konsumentenmärkten konnten sich bald Amateurkulturen herausbilden. Die verfügbare Kamera im Eigenheim etablierte neue Bildpraktiken: Die erotische Fotografie erlebte einen ungeahnten Boom und intime Selbstporträts vor dem Spiegel wurden zum begehrten Tauschobjekt in Flirtbeziehungen.

Einer der Vorläufer der Selfie-Bilderproduktion ist auch in der von Andy Warhol stark geförderten Polaroid-Bewegung zu sehen. Warhol wollte, dass das Bild zirkuliert, veröffentlicht und vermittels sozialer Netzwerke geteilt wird. Er hat mit seinen Star-Polaroids die Demokratisierung visueller Reproduktion und Überlieferung stark in den Vordergrund gerückt, denn das Format war billig und stand nicht für Kunstfotografie. Damit hat Warhol nicht nur die Amateurästhetik des Low-Tech-Selfies vorweggenommen, sondern auch ihre Verbreitungslogik durch die Social Media.

Praktiken des Defacements

Mit dem viel beachteten Genre der Sellotape-Selfies hat sich eine gegenkulturelle Bildpraxis des Overacting im Feld der digitalen Selbstdarstellung herausgebildet. Die ästhetischen Materialgrundlagen der Sellotape-Selfies bestehen aus einem Klebeband und einem bereitwilligen Subjekt, das sich ein Klebeband um das Gesicht binden lässt. In ihrer Verbreitung als Internet-Meme (qua Nominierungen auf Facebook) wird ihnen eine bildkulturell wirksame Reflexion der facialen Gesellschaft zugeschrieben. Mediale Gesichter sind nicht unschuldig, denn mit ihnen kann Macht ausgeübt werden – von der facialen Inszenierung personaler Herrschaft bis zur Authentifizierung bestimmter Produkte in der Maxime der Werbeästhetik.

Die Sellotape-Selfies verweisen auf das historische Unbehagen der Kunst, im Porträt „Wahrheit" und „Einzigartigkeit" abzubilden. 1948 malte Francis Bacon sein erstes, monströs anmutendes Antiporträt seiner *Heads*-Serie. Und im Jahr 1966 verstümmelte sich Gerhard Richter mit Klebeband im Gesicht und nahm alle weiteren Sellotape-Interventionen vorweg. Al Hansen (1970) und Douglas Gordon (1996) sind weitere Künstler, die in der Folgezeit versuchen, mit Klebeband ihr Gesicht zu entstellen, um mit ihren künstlerischen Porträt-Interventionen gegen die Schönheitsnormen, erkennungsdienstlichen Logiken und politischen Instrumentalisierungen des Gesichts zu protestieren. Auch wenn die Sellotape-Selfies mittlerweile von TV-Shows zu einem Trending Topic stilisiert wurden, können sie zumindest als ein ästhetisches Spiel mit dem Kontrollverlust gesichtlicher Mimik angesehen werden. Als Praktiken des Defacements durchkreuzen Sellotape-Selfies die Ohnmachtsgefühle, in einer facialen Gesellschaft leben zu müssen, und können produktive Medienreflexionen in Gang setzen.

Neigt sich mit der Verweigerung, sein Gesicht zu zeigen, die Ära der Selfies wieder ihrem Ende zu? Diese Frage kann gegenwärtig noch nicht beantwortet werden. Dennoch kann festgehalten werden, dass den Bildern der Gesichtsauflösungen immer auch eine Bildkritik inhäriert und sie das Potenzial einer Sensibilisierung für die Visibilität von Nutzeraktivitäten besitzen. Die Gesichtsexperimente schärfen die Aufmerksamkeit für den Befund, dass bildbezogene Selbstthematisierungen ein zentrales Kulturmuster der spätmodernen Gesellschaft verkörpern. In diesem Sinne gehören auch die Gesichtsrepräsentationen der Selfies zu den neuen Leitbildern der Gegenwartsgesellschaft. Sie sind nicht nur Ausdruck persönlicher Selbstdarstellung, sondern verkörpern als visuelles Kollektivmedium das Selbstverständnis von Gesellschaften. Selfies sind also immer auch mehr als nur private und intime Selbstentblößungen, sie sind ein Spiegel von sozialem Wandel und kulturellen Entwicklungen.

Dr. phil. habil. Ramón Reichert ist European Project Researcher an der University of Lancaster, Studienleiter und Koordinator des postgradualen Masterstudiengangs „Data Studies" an der Donau-Universität Krems. Seine aktuelle Buchpublikation *Selfies. Selbstthematisierung in der digitalen Bildkultur* erscheint im Frühjahr 2018.

»Es gibt sehr viele Phänomene, die ich als analoge Nostalgie beschrieben habe, die einen Versuch der Entschleunigung darstellen oder vielleicht auch als eine Art Widerstandsgeste zu sehen sind.«

© Privat

Analoge Nostalgie als Versuch einer Entschleunigung

Das Comeback der Schallplatte ist schon ein paar Tage alt. Die Polaroid-Fotografie erlebt, nachdem sie einige Jahre vom Markt verschwunden war, derzeit eine Renaissance. Gleichzeitig boomen Tools wie Hipstamatic, eine App, mittels derer man Fotos mit Retroeffekten erzeugen kann. All diese Phänomene fasst der Medienwissenschaftler Dominik Schrey in einer neuen Publikation unter dem Begriff „analoge Nostalgie" zusammen. *tv diskurs* sprach mit ihm darüber.

Sie beschäftigen sich in Ihrem Buch mit der analogen Nostalgie. Was genau verstehen Sie darunter?

Der Begriff ist in meinem Buch recht weit gefasst, sodass man im Grunde von analogen Nostalgien sprechen müsste, um der Bandbreite der Phänomene gerecht zu werden. Einmal verstehe ich darunter die tatsächliche Wieder- und Weiterverwertung von mehr oder weniger verdrängten analogen Medienformaten, wie etwa die Rückkehr der Schallplatte, aber auch bestimmte Künstlerszenen, in denen analoge Filmkameras nie wirklich weg waren. Der zweite Bereich funktioniert ganz anders. Er umfasst die Simulation der Ästhetik analoger Medienformen, wie durch Filter bei Instagram, die den mit Smartphones aufgenommenen Fotos die Ästhetik von Polaroid-Bildern geben. Das Gleiche finden wir auch im Bereich der Musik. Kurze Zeit nach Einführung der CD mischte man den Aufnahmen in der digitalen Postproduktion das Rauschen und Knistern der Schallplatte bei, um ihnen wieder ein bisschen Materialität zurückzugeben oder für eine gewisse Wärme zu sorgen, die der CD offenbar abgesprochen wurde. Im dritten Bereich fasse ich die Diskurse zusammen, die in den Fachwissenschaften über die Digitalisierung geführt wurden. Vor allem in der Medien- und Filmwissenschaft war dieser z. T. sehr nostalgisch geprägt. In den 1990er-Jahren war man hier äußerst kulturpessimistisch gegenüber der Digitalisierung eingestellt.

Woher kommt der Begriff „Nostalgie" überhaupt?

Die Vorgeschichte des Nostalgiebegriffs ist weitgehend unbekannt. Man könnte meinen, dass es sich hierbei um ein antikes Konzept handelt, der Sehnsucht nach der Vergangenheit. Tatsächlich ist es ein verhältnismäßig junger Begriff, der erst im späten 17. Jahrhundert durch einen Schweizer Doktoranden geprägt wurde, der damit eine Art Heimweh beschrieben hat, eine potenziell tödliche Krankheit, die junge Schweizer Männer befällt, wenn sie sich ins Ausland begeben. Die Betroffenen können an nichts anderes denken als an die Schweiz, an die heimischen Berge, werden depressiv und sterben schließlich, wenn sie nicht geheilt werden – was nur durch die tatsächliche Heimkehr möglich ist. Ins Griechische übersetzt, leitet sich „Nostalgie" von „Nostos", der Heimkehr, und „Algos", dem Schmerz, ab. Das „Heimweh" übrigens findet man auch erst im 15./16. Jahrhundert als Schweizer Dialektwort. Aber natürlich gab es dafür andere Begriffe: Wussten Sie z. B., dass der Begriff des Elends im Deutschen dieselbe Wurzel hat wie der Begriff „Ausland"? Es war also ursprünglich der Begriff für das Gefühl, das einen befiel, wenn man fern der Heimat war. Insofern gibt es diese Diskurse oder die Idee der Sehnsucht nach der Heimat schon viel früher, denken wir an Geschichten aus der Bibel oder an Homers *Odyssee*.

Heutzutage haftet dem Begriff der Nostalgie ja eher etwas Negatives an …

Das erklärt sich einmal wahrscheinlich dadurch, dass er eben von dieser „tödlichen Krankheit" herrührt. Wenn man sich die Diskursgeschichte des Begriffs und die Veränderungen anschaut, die er offensichtlich durchlaufen hat – von einem sehr räumlich geprägten hin zu einem eher diffusen zeitlichen Verständnis –, dann lassen sich deutliche Wellenbewegungen ausmachen. Immer wieder gab es Bestrebungen, die Nostalgie positiver umzudeuten oder sie zumindest als normales Phänomen zu verstehen. Im Zuge der Nationalstaatsbewegungen etwa versuchte man, das Heimweh als etwas Gutes zu definieren und damit in einen nationalistischen Diskurs zu pressen. Auch bei der eher zeitlich verstandenen Nostalgie gibt es immer wieder Tendenzen, sie nicht als regressiv zu werten, sondern als ein normales psychologisches Phänomen, das geradezu notwendig ist, um mit Modernisierung klarzukommen. In den frühen 2000er-Jahren gab es in der Kulturwissenschaft sehr viele Arbeiten, die Nostalgie äußerst positiv verstanden haben und auch empirisch nachweisen wollten, dass sich Menschen, die nostalgisch sind, offener gegenüber Veränderungen zeigen. In den letzten Jahren – und das hängt sicherlich auch mit der politischen Entwicklung zusammen – wird es eher wieder negativer gesehen.

Um auf die verschiedenen Medienformen zurückzukommen: Wenn ich Sie richtig verstanden habe, bedeutet Nostalgie aber keineswegs das Gegenteil von Modernisierung?

Ja, ich habe versucht, das in meiner Arbeit zu beschreiben: Nostalgie ist keine Gegentendenz, sondern eine komplementäre Tendenz zur Modernisierung. Tatsächlich muss jede Form von Veränderung irgendwie verarbeitet werden – und häufig passiert das eben über nostalgische Aneignungsformen, wie z. B., dass man das Neue erst einmal so „verkleidet", dass es wie Altvertrautes anmutet. Im Medienbereich begegnet uns das recht häufig. Schauen wir uns nur das Computervokabular an: Der Desktop oder der Papierkorb sind alles Versuche, die neue Technik erst einmal wie Gewohntes aussehen zu lassen. Manche dieser Metaphern bleiben bestehen, weil sie sich bewährt haben, andere verschwinden wieder. Es wird sich beispielsweise zeigen, wie sich das mit den Filter-Apps für die Smartphones entwickelt, die am Anfang natürlich auch kaschiert haben, dass die integrierten Kameras einfach noch nicht so gut waren.

Lange Zeit ging man davon aus, dass alte Medienformen durch neue irgendwann verdrängt werden …

Natürlich gibt es bestimmte Medienformate, die heute keine Rolle mehr spielen. Kommunikationsformen wie die Brieftaube oder Datenträger wie die Laserdisc sind heute weitgehend verschwunden. Aber es ist längst nicht ein solch abruptes Phänomen, wie es häufig beschrieben wird, sondern ein sehr langer Prozess; häufig kehren Dinge auch wieder, von denen man sich eigentlich schon verabschiedet hatte. Schreibmaschinen beispielsweise sind ja eigentlich aus der Mode gekommen. Im Zuge der NSA-Debatte hat man jedoch darüber nachgedacht, ob man im entsprechenden Ausschuss nicht wieder mit Schreibmaschinen arbeiten sollte. Alte Medien werden also nicht einfach verdrängt, sondern sie bekommen neue Systemplätze, wie es bei Friedrich Kittler heißt.

Man gewinnt den Eindruck, dass der Reiz analoger Medien gerade in ihrer Imperfektion liegt. Interessant ist das vor dem Hintergrund, dass wir in einer Gesellschaft der Optimierung leben.

Tatsächlich werden heute häufig Aspekte analoger Medien aufgewertet oder fetischisiert, die früher eher als Einschränkung oder Störung wahrgenommen wurden. Doch gerade diese Fehlerhaftigkeit, das Rauschen und die Imperfektion werden nun als authentischer empfunden. In Ihrer letzten Ausgabe hatten Sie ein Interview mit Hartmut Rosa zu seiner Theorie der Entfremdung und Beschleunigung. Ich denke, dass das durchaus in diesem Zusammenhang zu deuten ist. Es gibt sehr viele Phänomene, die ich als analoge Nostalgie beschrieben habe, die in der Tat einen Versuch der Entschleunigung darstellen oder vielleicht auch als eine Art Widerstandsgeste zu sehen sind. Es ist eben ein Unterschied, ob ich mit der Digitalkamera 100 Bilder mache oder eine Polaroid-Kamera nutze, bei der ich eben nur acht Bilder habe und deshalb jedem Bild etwas mehr Überlegung vorausgehen muss. Aber natürlich ist das nicht die einzige Motivation.

An welche weiteren Motive denken Sie?

Ein anderes Motiv ist viel pragmatischer: die Ästhetik. Meine 12-jährige Nichte macht mit ihrem Smartphone Fotos vom Essen und legt Analogfilter darüber – einfach, weil sie es schön findet. Auch einige Filmemacherinnen und -macher arbeiten nicht mit digitalen Kameras, weil die Ästhetik einfach eine andere ist. Man muss andere Dinge berücksichtigen, den Umgang mit Licht etwa. Und wenn man nun eben aus einem bestimmten künstlerischen Programm heraus mit analogen Kameras arbeiten möchte, dann ist das nicht zwingend nostalgisch oder ein Versuch der Entschleunigung oder eine Widerstandgeste, sondern ein künstlerisches Selbstverständnis.

Schauen wir uns die Nutzerseite etwas genauer an: Sie unterscheiden die verschiedenen Motive der Digital Natives und der Digital Immigrants.

Diese beiden Begriffe stammen ursprünglich aus der Bildungswissenschaft und sind nicht ganz unproblematisch, auch weil es schließlich die Digital Immigrants waren, die die Digitalisierung erst angeschoben haben. Das Spannende an dem Begriffspaar war für mich, dass es sich genau in jenem semantischen Feld bewegt, in dem auch die Nostalgie anzusiedeln ist: Es geht um Heimat, einen Ort, von dem man kommt und auf den man mit entsprechenden Emotionen zurückschaut. Das kann z. B. das Gefühl sein, woanders nicht angekommen zu sein – im übertragenen Sinn eben auch in der digitalen Lebenswelt.
Davon abgesehen nutzt jeder die verschiedenen Medienangebote ohnehin sehr individuell verschieden, auch wenn es durchaus Unterschiede zwischen denen gibt, die mit den analogen Medien aufgewachsen sind, und denen, die eben jünger sind. Das „Zitieren" oder Simulieren analoger Oberflächeneffekte – wie etwa bei den Retrofiltern der Smartphone-Apps – ist für jüngere Nutzer häufig lediglich eine unter vielen ästhetischen Optionen des „Remixens" von vorhandenem Material. Auch der Rückgriff auf analoge Medienformen wie die Schallplatte funktioniert offenbar in unterschiedlichen Alterskohorten sehr verschieden: So ergab eine britische Marktforschungsstudie 2013, dass mehr als ein Viertel der 18- bis 24-jährigen Schallplattenkäufer nicht einmal einen Plattenspieler hat. Offenbar haben sie aber dennoch das Bedürfnis, diese materiellen Tonträger zu sammeln und sie ins Regal zu stellen. Mit einem MP3 ist das ja nur schwer möglich.

In Ihrem Buch beschäftigen Sie sich auch mit den sogenannten Hipstern. Was haben die mit der analogen Nostalgie zu tun?

Der Zusammenhang ist recht naheliegend. Ihnen wird die Rückwärtsgewandtheit vorgeworfen. Aus der Avantgarde einer Jugendbewegung sei jetzt eine Derrière-Garde geworden, eine Gruppe, die nur zurückschaut und Archive verwaltet, anstatt neue Ideen zu generieren, so wie es z. B. Simon Reynolds in seinem Buch *Retromania* beschreibt. Interessanterweise würde kaum jemand über sich selbst sagen, sie oder er sei ein Hipster. Es ist auch eine schwierige Zuweisung, haben wir es nun mit einer Subkultur oder mit Mainstream zu tun? Vielleicht ist es eine Form, eine Art Unzeitgemäßheit, zu zelebrieren oder auszustellen. Historisch gesehen gibt es das schon länger, denken wir nur an die Dandys des 19. Jahrhunderts, die – wie Walter Benjamin es beschreibt – ostentativ eine Schildkröte an der Leine spazieren führten, um zu demonstrieren, dass sie sich der Beschleunigungstendenz, die auch damals schon diskutiert wurde, widersetzen. Die Hipster jedoch sind gleichzeitig auch Early Adopters. Sie haben das iPhone und neue digitale Technologien schon sehr zeitig benutzt. Das bedeutet, es gibt gar keine Verweigerung des digitalen Fortschritts, sondern man fotografiert eben mit einer Polaroid-Kamera, um das Bild einzuscannen und es schließlich bei Instagram zu teilen.

Sie wollten sich vom Mainstream abgrenzen, nun aber scheint aus der Bewegung doch eine ziemlich homogene Gruppe geworden zu sein …

… das Dilemma des Widerstands gegen die eigene Zeit. Sobald etwas zum Trend wird und andere nachziehen, gibt es auch einen Markt, der darauf entsprechend reagiert. Somit werden die entsprechenden Dinge auch extrem teuer und die eigentliche Widerstandsgeste, sich der Innovationslogik zu verweigern, wird zu einem teuren Luxus, den sich nur privilegierte Gruppen leisten können. Und letztlich führt es abermals zu sozialer Distinktion.

Was denken Sie, wie wird sich die Sache mit der analogen Nostalgie weiterentwickeln?

Schwer zu sagen. Die Beantwortung hängt auch davon ab, wie sich die Digitalisierung, die derzeit ja noch keineswegs abgeschlossen ist, weiterentwickeln wird. Stichwort „Industrie 4.0": Wenn tatsächlich eintritt, was derzeit vielerorts propagiert wird, dass die Digitalisierung alle Lebensbereiche betrifft, dann wird es darauf sicher auch Reaktionen geben. Es wird z. B. zu einer Aufwertung der Fabrik kommen, die es so, wie sie lange Zeit existiert hat, nicht mehr geben wird. Plötzlich ist die Fabrik nicht mehr Ort der Entfremdung, sondern ein Ort „echter" Arbeit, auf den man nostalgisch zurückschaut und damit ein Stück weit auch eine Romantisierung betreibt. Wie man als Gesellschaft jedoch umgeht mit den Folgen der Digitalisierung und den Veränderungen für den Arbeitsmarkt, das geht schnell über den Rahmen des Nostalgischen hinaus.

Das Interview führte Barbara Weinert.

„Guten Abend, meine Damen und Herren“ – „Hallo Leute!“

Parasoziale Interaktion im Fernsehen und auf YouTube

Bastian Karschau und Clemens Schwender

Seitdem es Rundfunk gibt, ist es für Menschen möglich, einer Stimme zu lauschen, die scheinbar direkt zu ihnen spricht, ohne anwesend zu sein. Seit der Einführung des Fernsehens wird der Effekt durch die visuelle Präsenz weitergeführt und noch verstärkt. So werden Nachrichten mit Blick in die Kamera vorgetragen und Zuschauer als „Meine Damen und Herren" begrüßt. Doch die mögliche Antwort des Fernsehvolks kann der Sprecher nicht hören.

Was bisher geschah – parasoziale Interaktion als Fernsehnutzung

Den Grundstein für die Forschung über das Feld der sogenannten parasozialen Interaktion haben die amerikanischen Soziologen Donald Horton und Richard Wohl 1956 mit ihrem Essay *Mass Communication and Para-Social Interaction: Observations on Intimacy at a Distance* gelegt. Ausgangspunkt hierfür war das von ihnen beobachtete Phänomen, dass die neuen Arten von Medienpersonen, die visuell präsent waren, scheinbar in einer Beziehung zu ihren Zuschauern stehen. Diese identifizieren sich nicht nur mit den Figuren, sondern treten auch mit ihnen in einen virtuellen Kontakt. In Soap-Operas geben die Zuschauer gedanklich Tipps, vor wem sie sich in Acht nehmen sollen, in Krimis geben sie Hinweise auf den Täter. Facebook und Twitter nutzen das Phänomen mittlerweile und bieten Plattformen für diese seltsame Kommunikation. Häufiger wiederkehrende Rollen sind prädestiniert für diese Form von Interaktion und falls diese immer wieder stattfindet, können sie zu parasozialen Beziehungen führen. Die Zuschauer haben das Gefühl, dass sie die Figuren persönlich kennen und leiten das Recht ab, mit ihnen zu interagieren. Auch Sängerinnen und Sänger, Sportlerinnen und Sportler oder Moderatorinnen und Moderatoren tauchen bei den Menschen zu Hause im Fernsehen auf und so in deren Wohnzimmern. Nah- und Großaufnahmen sowie das Agieren in die Kamera verstärken das Gefühl von persönlicher Nähe. Harald Schmidt nannte diese Personen einmal real existierende Medienfiguren. Was wahrhaftig oder gespielt ist, was echt oder eine gespielte Rolle, kann oft nicht mehr grundsätzlich unterschieden werden.

Zum Verständnis ist es hilfreich, die parasoziale Interaktion mit einer sozialen Interaktion zu vergleichen: Zwei Personen sprechen miteinander und beide wissen von der Anwesenheit des anderen, beide nehmen sich optisch und akustisch, vielleicht sogar über Geruch und Berührung wahr. Dies führt dazu, dass das Verhalten beider durch die jeweiligen Reaktionen des anderen beeinflusst wird und sich die Reaktionen aufeinander abstimmen. Dieser Ablauf wiederholt sich auf beiden Seiten und somit entsteht eine wechselseitige Interaktion. Eine Gemeinsamkeit zwischen sozialer und parasozialer Kommunikation ist, dass beide Partner sich der Anwesenheit des Gegenübers bewusst sind und dies ihr Verhalten beeinflusst. Der entscheidende Unterschied ist, dass die eine Person die andere nicht wahrnehmen und deren Reaktionen nicht beobachten kann. Für Massenmedien ist das eine ganz normale Situation.

Horton und Wohl bezogen dieses Phänomen speziell auf Medienpersonen, die sich an die Zuschauer wenden. Nachrichtensprecher oder Moderatoren im Fernsehen richten ihren Blick in die Kamera und das wirkt, als schauten sie die Zuschauer an. Die Medienperson kann sich das Publikum vorstellen. Den Umstand, dass die Zuschauer den Nachrichtensprecher sehen können, dieser sie nur vermuten kann, nennen Horton und Wohl „blinder Fleck". Dieser hat eine Wirkung auf den Interaktionsprozess. Damit bei einem Publikum das Gefühl aufkommt, in einer normalen wechselseitigen Interaktion mit dem Moderator zu stehen, muss dieser also seine Handlungen an vermuteten Reaktionen festmachen. Es entsteht also eine scheinbare Interaktion, wenn die Zuschauer das Verhalten der Medienperson als direkte Antwort auf ihre eigene vorherige Reaktion ansehen. Der „blinde Fleck" kann mithilfe dieser Vorgehensweise überbrückt werden. Um die Reaktionen des Massenpublikums zu ahnen, gibt es in Fernsehsendungen bisweilen ein Studiopublikum, auf dessen Reaktionen die Moderation reagiert – und sich somit auch in der Interaktion mit dem Massenpublikum angemessen verhalten kann. Dadurch, dass der Moderator nur vorgibt, die Zuschauer tatsächlich wahrnehmen zu können und es daher zu der Einbildung kommt, dass eine reziproke Interaktion stattfindet, etablierte sich die Idee der parasozialen Interaktion.

Der Umstand, dass es sich hier nicht um eine tatsächliche Situation handelt, ist den Personen auf beiden Seiten zwar grundsätzlich bewusst, Zuschauer neigen jedoch dazu, dies kurzzeitig zu vergessen. Sie reagieren auf Medien als wäre die Situation echt: Sie erschrecken oder lachen, bei einer Fußballübertragung feuern sie begeistert an, obgleich dies nicht den geringsten Effekt auf das Geschehen hat.

Horton und Wohl sahen eine Besonderheit in der bewussten Betrachtung dieser Illusion. Wenn der Zuschauer sichergehen kann, dass die eigenen Aussagen, Reaktionen oder Verhaltensweisen nicht vom Interaktionspartner wahrgenommen werden können, bedeutet dies für ihn, dass er sich nicht zurückhalten muss. Unpassendes Verhalten in einer Alltagsinteraktion kann zu Sanktionen führen: Der Interaktionspartner fühlt sich angegriffen oder wird aus dem Konzept gebracht und vermeidet eventuell zukünftige Treffen. Physische und soziale Nähe haben einen Einfluss auf die Art und Weise, wie Menschen miteinander umgehen.

Da aufgrund des „blinden Flecks" die Medienfigur keine der tatsächlichen Reaktionen des Rezipienten wahrnehmen kann, ist dieser auch in der Lage, selbst unpassende Dinge zu sagen oder unaufmerksam zu sein, ohne Angst vor Sanktionen durch die Medienfigur zu haben. Horton und Wohl sehen dies als wichtig an, da diese Möglichkeiten sowohl spielerisch genutzt werden können, etwa um Kenntnisse im sozialen Umgang zu sammeln. Außerdem ermöglicht diese Interaktionsform dem Rezipienten, temporär andere Rollen anzunehmen, experimentell mit verschiedenen Reaktionen umzugehen und generell Dinge auszuprobieren, die ansonsten nicht angebracht sind.

Follow me on YouTube

Soweit beschreibt dies die Zeit der traditionellen Massenmedien. Zeitungen, Radio und Fernsehen hatten schon immer die Möglichkeit des Rückkanals, um mit den Medienmachern in Kontakt zu treten: per Brief und – wenn es eilig war – per Telefon. Auch E-Mail, Facebook oder Twitter ändern daran zunächst nichts. Es geht nur spontaner und schneller, aber das Phänomen bleibt: Ein Sender richtet sich an ein disperses Publikum und dieses hat kaum Gelegenheit, in Interaktion zu treten – weder mit der Medienfigur noch mit anderen Zuschauern. Spannend ist nun die Frage, ob sich dies grundlegend ändert angesichts der Möglichkeiten der neuen Medien. Muss die Theorie unter dem Eindruck von YouTube, das einen direkten Kommunikationskanal zwischen Sender und Empfänger bietet, neu gedacht werden?

Ein Unterschied zur traditionellen Massenkommunikation ist, dass über YouTube jede und jeder, die bzw. der einen Internetzugang hat und über die notwendige Technik verfügt, zum YouTuber werden kann. Je nach Art der Erhebung sind dies 0,1 bis 1 % der Internetnutzer. In Deutschland dürften dies gut 500.000 Personen sein, die Selbsterstelltes hochladen und anderen dadurch zugänglich machen. Sie erklären Software und andere Technik, sie geben Hinweise zum Schminken und für angesagte Kleidung, spielen fremden Menschen Streiche auf der Straße, zeigen ihr Talent in Computerspielen, sie öffnen vor laufender Kamera Pakete und sie sagen ihre Meinung. Sie sitzen im Wohn- oder im Kinderzimmer, agieren in die Kamera und richten sich dabei scheinbar an Zuschauer, die sie direkt ansprechen. Dabei fordern sie auch bisweilen zu Interaktionen auf. Der Rückkanal ist nur einen Klick entfernt und jeder, der auf YouTube angemeldet ist, darf einen Kommentar verfassen. Man kann den YouTuber also direkt adressieren, man kann sich auch mit anderen Nutzern austauschen. Diese Funktion stellt die größte Abgrenzung zum Fernsehen dar, da durch sie eine direkte, wechselseitige Kommunikation zwischen Medienfigur und Rezipient möglich ist.

In einer Studie an der Berliner Hochschule für populäre Künste wurde untersucht, wie sich die Kommunikationshaltung der Schreibenden darstellt. Dazu wurden die Kommentare bei YouTubern mit unterschiedlich großen Anhängerschaften betrachtet. So wurden YouTuber mit ein paar Hundert Followern untersucht und im Unterschied dazu auch welche mit 100.000 oder gar über 1.000.000. Da zeigen sich Differenzen: Je kleiner die Gruppe, desto eher findet sich eine persönliche Ansprache wie das kumpelhafte „Du". Zuschauer der YouTuber mit weniger Reichweite bauen eher eine persönlichere Bindung auf und suchen häufiger den direkten Kontakt. Dies könnte aus der Erwartungshaltung resultieren, dass aufgrund der geringeren Anzahl von Kommentaren, die in der Regel mit geringerer Abonnentenzahl einhergeht, eine höhere Wahrscheinlichkeit besteht, dass einzelne Kommentare gelesen und von den YouTubern beantwortet werden. Die Zuschauer der untersuchten YouTuber mit breiterer Reichweite scheinen hingegen eine größere Aktivität untereinander in der Community zu haben, brauchen den YouTuber im Zentrum, während sich ein gewisser Teil der Kommunikation autonom in der Peripherie abspielt. Sie sind also nicht nur auf das Zentrum ausgerichtet, sondern sie wissen, dass sie Teil einer Gruppe mit einem gemeinsamen Mittelpunkt sind, ohne dass dieser dann intensiver aktiv werden muss.

Horton und Wohls Beobachtungen passen zu den YouTubern. Es sind reale Menschen, die ihre Zuschauer ansprechen, dabei in die Kamera schauen, ihre Zuschauer an ihrem Verhalten teilhaben lassen. Bis zu diesem Punkt würden Horton und Wohl das Phänomen YouTube also als parasoziale Interaktion bezeichnen. Neu ist die Unmittelbarkeit, mit der Kommentare losgeschickt werden, allerdings – und auch das ist neu – unter Zeugenschaft aller übrigen Zuschauer.

Oft beinhalten die veröffentlichten Bemerkungen Gefühlsgeständnisse oder machen deutlich, dass eine zwischenmenschliche Nähe mindestens von der Zuschauerseite gewollt ist. Daraus ergibt sich eine Identifikation als Interaktion. Allerdings konnte die vermutete Beteiligung am Medieninhalt durch Ratsuchen, Medienpersonen als Freunde wahrnehmen oder das Verlangen, sie zu treffen, im Rahmen der Untersuchung nicht bestätigt werden. Es bleibt in einer höflichen Distanz.

Mittels privater Nachricht könnte Kommunikation unter Ausschluss der Öffentlichkeit geschehen. Die Ergebnisse der Kommentaranalyse haben gezeigt, dass zwischen YouTuber und Zuschauer, wenn auch in geringem Maß, wechselseitige Interaktionen vorkommen. Direkte Adressierungen von beiden Parteien ähneln einer Face-to-Face-Kommunikation. Dies war zwar bei dem Beispiel des Nachrichtensprechers auch so („Meine Damen und Herren"), jedoch wird es hier im Falle eines Kommentars, der durch YouTuber beantwortet wird, fortgeführt und geht damit einen Schritt weiter zur Interaktion. Hinzu kann eine crossmediale Kommunikation kommen, welche die Interaktionen noch persönlicher macht. Alle untersuchten YouTuber nutzten neben YouTube auch Snapchat. Eine von ihnen sogar WhatsApp, indem sie ihre Mobilnummer in der Videobeschreibung veröffentlicht. Sie bietet Wege, mit ihr zu interagieren. Interaktionen sind dann möglich, wenn YouTuber ihren Followern dies erlauben und sie dazu auffordern. Auf der anderen Seite: Je bekannter ein YouTuber ist, desto größer ist die Anzahl seiner Zuschauer und desto parasozialer wird die Interaktion. Bei den Stars treten dafür deutlich mehr Interaktionen innerhalb der Community auf, die computervermittelt miteinander sozial interagieren können.

Zwischen YouTubern und ihren Zuschauern findet weder eine eindeutige parasoziale noch eine klare soziale Interaktion statt. Formal finden sich sowohl Aspekte der Massenkommunikation wie auch der computervermittelten Individualkommunikation wieder, welche wiederholt und parallel typische Aspekte sozialer Kommunikation beinhalten. Sicher ist, dass sowohl die formalen Bedingungen als auch die damit verbundenen Verhaltensweisen deutlich von denen einer parasozialen Interaktion mit Medienfiguren im Fernsehen abweichen. Durch den interaktiven Charakter von YouTube entsteht also eine neue, sozialere Medienwelt, die in Zukunft als neuartiges Forschungsfeld der parasozialen Interaktion näher betrachtet werden muss. Zwischen Individual- und Massenkommunikation muss eine Theorie der Netzwerkkommunikation entwickelt werden.

Die dunkle Seite des spontanen Rückkanals

Die Betrachtung der Interaktion zwischen YouTubern und ihren Zuschauern darf nicht enden, ohne auf einen negativen Aspekt hinzuweisen, der sich aus dem Bisherigen direkt ableiten lässt. Der „blinde Fleck" erlaubte es den Rezipienten, unbeobachtet auf eine Art zu reagieren, wie es in der außermedialen Welt unüblich ist. Normalerweise beschimpfen wir Menschen, die uns gegenüberstehen, nicht. Aufmerksamkeit, Respekt und Höflichkeit sind die Regeln, nach denen wir auch behandelt werden wollen. YouTube und andere soziale Netzwerke schaffen zwar eine kommunikative Ebene, da die Angesprochenen aber nicht direkt präsent sind, scheinen die Sitten nicht mehr zu gelten. Die Forschungen zum *Moral Sense Test* zeigen, dass der physische Abstand zu einer Person darüber bestimmt, wie man mit ihr umgeht. Meinungsäußerungen befördern durch die räumliche Distanz Hass-Kommentare, die vom mentalen Ausprobieren ohne Filter direkt in die Tastatur gehen, und wenn diese von den Co-Rezipienten aufgenommen werden, auch zum Shitstorm aufbrausen können.

Bastian Karschau hat sein Studium mit einer Arbeit über parasoziale Interaktion auf YouTube abgeschlossen und in diesem Zuge unterschiedliche YouTube-Kanäle und -Kommentare analysiert.

Dr. Clemens Schwender ist Professor für Medienpsychologie an der Berliner Hochschule der populären Künste und beschäftigt sich mit Medien und Emotionen.

Denken first. Digital second.

Kolumne von Klaus-Dieter Felsmann

„Zwischen dem DDR-Bürger, der unter falschem Namen schreibt, und dem Westberliner Bürger besteht vermutlich ein homosexuelles Verhältnis. Beide Partner trafen sich schon einige Male in der Hauptstadt der DDR ..." So eine der Einschätzungen meiner Person, wie ich sie zu Beginn der 1990er-Jahre in jenem abstrusen Konvolut lesen konnte, das die Stasi über mich angelegt hatte. Was war passiert? Eine Freundin aus Ostberlin hatte sich in einen Mann aus dem Westteil der Stadt verliebt. Weil deren Vater Kontakte zu Individuen aus dem Bereich des Klassenfeindes nicht dulden wollte, hatte sie mich gebeten, dass ihre Liebespost über meine Adresse läuft. Die Briefe waren an Martina Felsmann gerichtet. Ich habe sie dann unversehrt weitergereicht. Unversehrt war die Post, wie sich herausstellen sollte, da schon lange nicht mehr. Schnüffler hatten mitgelesen und die Algorithmen eines Stasihirns waren offensichtlich so schlecht programmiert, dass es aus den Nachrichten ein homosexuelles Verhältnis herausgelesen hat. Wäre der Schlapphut ein Kaufmann gewesen, hätte ich wahrscheinlich Werbung für Gleitcreme bekommen.

Immerhin hat diese Post ihren avisierten Empfänger erreicht. Ich fand in den Akten aber auch Briefe, die schlichtweg einbehalten worden waren. Bei einem Sommerkurs für Germanisten hatte ich eine junge Theaterkritikerin vom Wiener „Falter" kennengelernt. Anschließend entwickelte sich ein reger Briefwechsel, der plötzlich abbrach. Die ernüchternde Erklärung folgte viele Jahre später. Die Zensoren fanden den Kontakt zu der Österreicherin für meine gedeihliche staatsbürgerliche Entwicklung offenbar abträglich – und so landete deren Post in den Akten. Ich traf die einstige Theaterkritikerin zwölf Jahre nach der Maueröffnung bei einer Veranstaltung zufällig wieder. Da war sie gerade Intendantin am Frankfurter Schauspiel geworden. Willkürliche Eingriffe in meine Privatsphäre hatten mir verwehrt, an diesem spannenden Entwicklungsweg teilzuhaben.

In den einkassierten Briefen ging es an zentraler Stelle um Hans Magnus Enzensberger. Über den westdeutschen Großdichter konnte man an der Wilhelm-Pieck-Universität Rostock zwar eine Diplomarbeit schreiben, doch es gab dazu an der Ostsee weder Primär- noch Sekundärliteratur. Wollte man nicht immer nach Leipzig in die „Deutsche Bücherei" fahren, musste man sich die Materialien auf eigentlich nicht erlaubten Wegen besorgen. Da bot sich ein Kontakt nach Wien natürlich an. Andere Helfer wurden für mich die Verwandten im hessischen Korbach. Die hatten sich zwar über meine aus ihrer Sicht merkwürdigen Lesewünsche arg gewundert, doch sie haben getan, was sie konnten. Nach Absprache mit meinem Professor erschien es sinnvoll, die Pakete zwar an mich, doch über die Hochschuladresse zu schicken. Natürlich funktionierte auch das nicht geradlinig. Ich musste beim „wissenschaftlichen Mitarbeiter" für Staatssicherheit vorsprechen. Nach ausführlicher Befragung und Belehrung durfte ich die Bücher zwar nutzen, sollte sie anschließend aber der Universitätsbibliothek übergeben. Pikant wurde die Sache zusätzlich dadurch, dass meine Tante sowohl an das Postgeheimnis als auch an die Seriosität einer Hochschuladresse glaubte. So hielt sie es für einen sicheren Weg, neben dem Papier auch Omas Besteckkasten als Teil des Erbes der Sendung beizugeben. Noch heute wundert es mich, dass ich diese „Sachgabe" mit einem süffisanten Lächeln ausgehändigt bekam. Offenbar nahm das der Wachhabende als Beleg dafür, dass jemand, der sich das familiäre Tafelsilber von West nach Ost schicken lässt, nicht unmittelbar vorhat, das Land zu verlassen. Die Idee, dass das erniedrigende Prozedere solche Wünsche erst befördern könnte, entsprach nicht seinem Vorstellungsvermögen.

Konkreter Gegenstand meiner Diplomarbeit war damals Enzensbergers Band *Mausoleum. Siebenunddreißig Balladen aus der Geschichte des Fortschritts.* Der Autor beleuchtet darin u. a. geniale Erfinder und Wissenschaftler, die Meilensteine des Menschheitsfortschritts hinterlassen haben. Von Giovanni de Dondi, dem Entwickler der ersten öffentlichen astronomischen Uhr, über den Erfinder des Buchdrucks Johannes Gutenberg bis hin zum amerikanischen Ingenieur und Arbeitswissenschaftler Frederick Taylor, der nicht nur den Schnellarbeitsstahl erfand, sondern auch die Abläufe in den Fabriken signifikant rationalisierte, reicht der Bogen. Jede der angesprochenen Erfindungen wird als solche gewürdigt – und immer steht bei Enzensberger darüber hinaus die Frage, wie diese parallel jeweils zum Schaden der Menschheit missbraucht werden konnten. Die hier aufgezeigte Dialektik hat mich nicht nur gegenüber den Fortschrittsapologeten des Sozialismus skeptisch gemacht, sie prägt auch meine Wahrnehmung angesichts der Segnungen der aktuellen Digitalisierungsumbrüche. Besonders hellhörig werde ich, wenn diesbezügliches Nachdenken herablassend als rückständiges Bedenken stigmatisiert wird.

Wie kann es sein, dass ich meine Teilhabe am Fortschritt ganz selbstverständlich mit meinen Daten zu bezahlen habe? Warum laufe ich Gefahr, wenn ich mit einem alten Kommilitonen aus Usbekistan über Ali Baba kommuniziere, dass mich irgendein Algorithmus als potenziellen „Gefährder" identifiziert und ich fortan im öffentlichen Raum von zahlreichen Kameras einer automatischen Gesichtserkennung unterzogen werde? Was sollen Kommissionen, die unzulässige Botschaften im Internet herausfiltern? Wer setzt hier die Maßstäbe, zumal dann, wenn das Ganze von Unternehmen verantwortet wird, deren Geschäftsmodell auf dem Sammeln von Daten beruht. Wo bleibt das allgemeine Erschrecken, wenn die amerikanische Ex-Kamikaze-Agentin Valerie Plame Wilson die Aktienmehrheit an Twitter erwerben will, um anschließend kraft ihrer wirtschaftlichen Macht Trumps Account sperren zu können? Nun sind Trumps Nachrichten tatsächlich vielfach unerträglich, doch kann das solcherlei Willkür bei der Kommunikationszulassung rechtfertigen?

Angesichts meiner Lebenserfahrungen war ich froh, einem Gesellschaftsmodell beigetreten zu sein, in dem die Privatsphäre als Menschenrecht anerkannt und das Post- und Fernmeldegeheimnis grundrechtlich verankert waren. Zunehmend lösen sich solcherlei Wertevorstellungen angesichts der fortschreitenden Digitalisierung aller Lebensbereiche aber auf. Die entsprechende technische Wucht trifft auf Gemeinwesen, die mit ihren bisherigen Regularien völlig überfordert sind. Deshalb wäre es angebracht, zuerst nachzudenken und dann dem technischen Fortschritt seinen Lauf zu lassen. Wenn zunächst nichts Besseres zu finden ist, so könnte man vielleicht statt der Datenwährung für jede Netzaktivität ein pekuniäres Porto einführen. Das würde auf alle Fälle den Müll schlagartig reduzieren und nebenher eine wirkliche wirkungsvolle Energiewende einleiten. Ich bin mir aber nicht sicher, ob ich mit diesem Vorschlag einen Wirtschaftspreis gewinnen kann.

Immerhin gibt es noch die analoge Post als demokratisch regulierte Alternative. Wenn aber der Brief allein dem Rationalisierungsbemühen privater Unternehmen ausgeliefert bleibt, ist der an autarkem Leben interessierte Bürger demnächst wieder auf reitende Boten angewiesen.

Klaus-Dieter Felsmann ist freier Publizist, Medienberater und Moderator sowie Prüfer bei der Freiwilligen Selbstkontrolle Fernsehen (FSF).

Panorama 04/2017

Deutscher Presserat: neun Rügen ausgesprochen

Wegen schwerer Verstöße gegen den *Pressekodex* hat der Deutsche Presserat auf seinen Sitzungen Mitte September 2017 insgesamt neun öffentliche Rügen ausgesprochen. Die Rügen beziehen sich u. a. auf Berichte von „Bild" und „Bild Online" über den Terroranschlag in Manchester sowie auf einen Kommentar der „Frankfurter Allgemeinen Zeitung". Die Zeitung hatte sowohl in der Printausgabe als auch in der digitalen Ausgabe einen Kommentar unter der Überschrift *Wir verraten alles, was wir sind* über die Ehe für alle und damit verbundene Änderungen im Adoptionsrecht für gleichgeschlechtliche Partnerschaften veröffentlicht. In dem Kommentar wurden in Form einer rhetorischen Frage aus Sicht des Presserates die Behauptungen aufgestellt, dass adoptierte Kinder aufgrund einer wegfallenden „Inzest-Hemmung" ungleich stärker der Gefahr eines sexuellen Missbrauchs ausgesetzt seien und dass diese Gefahr bei homosexuellen Eltern aufgrund ihrer Homosexualität besonders hoch sei. Diese Behauptungen, für die es nach Auffassung des Presserates keinen wissenschaftlichen Beleg gibt, entfalten eine diskriminierende Wirkung gegenüber Homosexuellen und stellen einen schweren Verstoß gegen das Diskriminierungsverbot nach Ziffer 12 des *Pressekodex* dar. Über den Kommentar hatten sich 31 Leser beim Presserat beschwert.
Die öffentliche Rüge ist die härteste Sanktion des Presserates. Neben den Rügen wurden 22 Missbilligungen und 33 Hinweise ausgesprochen. Sechs Beschwerden wurden als begründet bewertet, auf eine Maßnahme wurde jedoch verzichtet. 60 Beschwerden wurden als unbegründet erachtet.

Deutscher Werberat kritisiert sexistische Werbung

Der Deutsche Werberat hat drei Unternehmen öffentlich gerügt, die sexistisch werben und sich der Körper von Frauen in herabwürdigender Art und Weise für ihre Motive bedienen. Zu den gerügten Firmen gehört u. a. das Unternehmen Kühler & Klimaservice Kowalla aus Potsdam. Die beanstandete Werbung war auf der Titelseite des örtlichen Anzeigenblattes geschaltet. Zu sehen ist zwei Mal das Dekolleté derselben Frau. Neben dem ersten Wort „kalt" liegt der Fokus auf der Oberweite der Frau, die ohne Kopf abgebildet ist. Nach dem zweiten Wort „kälter" wird das Dekolleté der Frau mit steifen und unnatürlich vergrößerten Brustwarzen gezeigt. Ebenso wie der Beschwerdeführer wertete der Werberat die Kombination von Bild und Text als sexistisch.

BZgA: Zahl der computerabhängigen Jugendlichen steigt

Die aktuellen Zahlen der Bundeszentrale für gesundheitliche Aufklärung (BZgA) belegen, dass sich der Anteil computerspiel- und internetbezogener Störungen bei männlichen Jugendlichen von 3,0 % im Jahr 2011 auf 5,3 % im Jahr 2015 erhöht hat. Bei den weiblichen Jugendlichen hat sich der Anteil in diesem Zeitraum von 3,3 % auf 6,2 % fast verdoppelt. Insgesamt nutzen Jungen bevorzugt Computerspiele, Mädchen hingegen interessieren sich vor allem für die sozialen Medien.
„In der Prävention exzessiver Mediennutzung ist es entscheidend, Jugendliche frühzeitig im bewussten Umgang mit Medien zu schulen und auf die damit verbundenen Risiken aufmerksam zu machen, um negativen Folgen wie Kontrollverlust und Vereinsamung entgegenzuwirken", erklärte die Leiterin der BZgA, Dr. Heidrun Thaiss, anlässlich der Computerspielmesse Gamescom 2017.
Im Rahmen des BZgA-Präventionsprogramms „Ins Netz gehen" werden Jugendliche im Alter ab 12 Jahren sowie ihre Bezugspersonen in Elternhaus und Schule angesprochen. Für Schulen wurde das Programm „Net-Piloten" entwickelt. Bei dem auf dem Peer-Ansatz beruhenden „Net-Piloten"-Konzept sollen Schülerinnen und Schüler ab 14 Jahren für eine eigenverantwortliche, maßvolle Nutzung von Computer und Internet geschult werden, um dann als Multiplikatoren ihr Wissen in Workshops für jüngere Jahrgänge weiterzugeben. Dabei werden sie inhaltlich von Lehrkräften und Fachkräften der Suchtprävention vor Ort unterstützt. Begleitend werden die Familien der Jugendlichen durch themenspezifische Elternabende in das Projekt eingebunden.
Exzessives Nutzungsverhalten zeichnet sich dadurch aus, dass Betroffene Probleme haben, ihre Internetnutzung zu kontrollieren und unruhig oder gereizt reagieren, wenn sie nicht online sein können. Für Menschen, die bereits ein problematisches Onlinenutzungsverhalten entwickelt haben, bietet z. B. die LWL-Universitätsklinik für Psychosomatische Medizin und Psychotherapie an der Ruhr-Universität Bochum seit dem vergangenen Jahr den Online-Ambulanz-Service für Internetsüchtige (OASIS) an.

ES GIBT MENSCHEN,
DIE STERBEN FÜR BÜCHER.
In vielen Ländern werden Schriftsteller verfolgt, inhaftiert, gefoltert oder mit dem Tode bedroht, weil sie ihre Meinung äußern. Setzen Sie mit uns ein Zeichen für das Recht auf freie Meinungsäußerung!
Mit Ihrer Spende unterstützen Sie unsere Menschenrechtsarbeit und retten Leben: Spendenkonto 8090100, Bank für Sozialwirtschaft, BLZ 370 205 00.
www.amnesty.de
AMNESTY
INTERNATIONAL

Das Porträt: Florian Sprenger

Alexander Grau

Dr. Florian Sprenger ist Juniorprofessor für Medienkulturwissenschaft an der Johann Wolfgang Goethe-Universität Frankfurt am Main. Nach seinem Studium an der Ruhr-Universität Bochum und einem Forschungsaufenthalt in Weimar war Sprenger zunächst Kollegiat am Initiativkolleg „Sinne – Technik – Inszenierung" der Universität Wien, später u.a. Fellow am dortigen Internationalen Forschungszentrum Kulturwissenschaften. Seit Oktober 2015 lehrt und forscht er in Frankfurt am Main. Neben seiner wissenschaftlichen Tätigkeit ist Florian Sprenger als Fotograf tätig.[1]

© Uwe Dettmar

Man tritt Frankfurt am Main sicher nicht zu nahe, wenn man die Stadt als eher unintellektuell bezeichnet. „FAZ" hin, Suhrkamp-Erinnerungen her – alles in allem war, ist und bleibt Frankfurt eine Stadt der Börse, der Bankiers und der Ebbelwoikneipen. Selbst Goethe, Frankfurts geistiges Aushängeschild, hielt es hier nicht lange aus, sondern ging als 16-Jähriger in das ungleich gelehrtere Leipzig.

Es wundert daher nicht, dass Frankfurt relativ spät eine Universität bekam. Erst im Oktober 1914, wenige Wochen nach dem Ausbruch des Ersten Weltkrieges, wurde die damalige Königliche Universität zu Frankfurt am Main eröffnet.

Schon bald gewann die Frankfurter Universität allerdings wissenschaftliche Reputation. Und Ende der 1960er-Jahre wurde die Universität Frankfurt aufgrund der aus dem amerikanischen Exil zurückgekehrten Mitarbeiter des Instituts für Sozialforschung zu einem Hotspot der Studentenbewegung: Max Horkheimer und Theodor W. Adorno lehrten hier, ab den 1970er-Jahren übernahm prominent Jürgen Habermas den Staffelstab. Schon bald sprach man von einer Frankfurter Schule.

Kommunikation mit der Zukunft

Mit den Helden Frankfurter Kulturgeschichte hat Florian Sprenger zunächst wenig zu tun, es sei denn, man versteht seine Beschäftigung mit Übertragungsmedien und Medienökologie, also mit den Bedingungen konkreter Kommunikation, als Antwort auf Habermas' transzendentale Kommunikationstheorie. Denn Sprenger geht es nicht nur um die sprachpragmatischen Voraussetzungen gelingender Kommunikation, sondern zugleich um deren technische, vor allem elektronische und digitale Bedingungen.

Das bedeutet allerdings nicht, dass Sprenger rein technologiefixiert ist und mit philosophischen Fragen nichts am Hut hat. Im Gegenteil. Neben Medienwissenschaft studierte Sprenger an der Ruhr-Universität Bochum auch Philosophie. „Ich hatte damals, wie viele Studenten, die Vorstellung, Regisseur zu werden", erzählt Sprenger, „was sich natürlich nach einem Semester schon zerschlagen hat. Für mich hatte sich aber herausgestellt, dass in den Medienwissenschaften viele Fragen behandelt werden, die so in anderen Fächern nicht thematisiert werden, etwa auch erkenntnistheoretische Fragen. So gesehen war die Medienwissenschaft für mich immer das Fach, das einlöst, was die Philosophie nicht eingelöst hat."

Sprenger fing im Jahr 2001 an zu studieren. Damit gehörte er zu den ersten Bachelorstudenten Deutschlands. „Die Einführung war aber sehr holprig", erinnert er sich lächelnd, „man konnte eigentlich machen, was man wollte."

Während seines Studiums ging Sprenger dann als Gaststudent an das Graduiertenkolleg „Mediale Historiographien" in Weimar. „Ich wollte eigentlich ins Ausland gehen. Doch medienwissenschaftlich waren aus meiner damaligen Perspektive viele Standorte nicht so spannend. Und so habe ich das Auslandssemester in Thüringen verbracht."

»Wenn ein Zeichen jede mögliche Bedeutung transportiert, dann kann es vielleicht auch die gewünschte Bedeutung an die Zukunft übertragen. Aber wir werden es nie erfahren.«

Zurück in Bochum widmete sich Sprenger seinem ersten großen Forschungsthema: der Kommunikation mit der Zukunft anhand des Beispiels atomarer Endlager. Das Thema klingt im ersten Moment vielleicht nicht nach dem allerdringendsten medientheoretischen Problem. Bei genauerem Hinsehen zeigt sich jedoch, dass Sprenger hier an einem ganz konkreten Beispiel eine Reihe spannender theoretischer und zugleich sehr praktischer Fragen bearbeiten konnte.

„Bei dem Atommüllendlager", erklärt der Wissenschaftler, „geht es ja letztlich darum, dass man ein sehr gefährliches Material hat, und man muss Generationen von Menschen davor warnen, da ranzugehen. Das ist ein erhebliches Kommunikationsproblem, immerhin reden wir hier von zehntausend Jahren, also von Kulturen, die wir uns gar nicht vorstellen können."

Dass die Fragestellung weit weniger exotisch ist, als sie zunächst klingt, zeigt sich schon daran, dass hierzu in den USA tatsächlich eine Reihe von Vorschlägen erarbeitet wurde, die man dann im Waste Isolation Pilot Plant (WIPP) in New Mexico realisierte. Das Problem bei allen möglichen Lösungsvarianten ist eigentlich immer das gleiche. Man muss möglichst universale, also kulturübergreifende Zeichen finden. Das aber ist, zumal mit Blick auf eine zukünftige Kultur, mehr als schwierig. Hinzu kommen ganz prinzipielle und theoretische Fragen: Ist es etwa möglich, Zeichen zu entwerfen, die unabhängig vom Kontext immer das Gleiche bedeuten: kontextinvariante Zeichen also?

Sprengers Antwort lautete ganz klar: nein. In einem Artikel für die „Frankfurter Allgemeine Zeitung" beschrieb er seine Überlegungen zusammenfassend: „Das Problem ist unlösbar. Man kann ihm nicht gerecht werden. Es ist aber trotz aller Verstreuung des Sinns möglich, dass die Warnungen verstanden und sogar befolgt werden. Dies hängt aber nicht von der Verwendung kulturfreier Zeichen ab, die zu nichts anderem als richtigem Verständnis führen können. Wenn ein Zeichen jede mögliche Bedeutung transportiert, dann kann es vielleicht auch die gewünschte Bedeutung an die Zukunft übertragen. Aber wir werden es nie erfahren."

»Beim Menschen gibt es ein physiologisches Unbewusstes und in diesem Sinne kann man auch von einem technologischen Unbewussten sprechen.«

Unmittelbarkeitsphantasma und Differenz

Die Vorstellung unmittelbarer Kommunikation und ihrer Geschichte faszinierte Sprenger so sehr, dass sie ihn auch in den folgenden Jahren umtrieb. Allerdings schwenkte sein Forschungsfokus von der Zukunft in die Vergangenheit, von den Problemen der Kommunikation mit späteren Generationen zu den Konzepten von Unmittelbarkeit in der Wissenschaftsgeschichte, angefangen bei der Erforschung der Elektrizität im 18. Jahrhundert über die Telegrafie bis hin zu McLuhans Medientheorie.

„Die Vorstellung einer instantanen Übertragung kommt mit der Erforschung der Elektrizität um 1730 auf", erklärt Sprenger. „Dabei handelt es sich um die Idee einer Übertragung, die keine Zeit braucht und in der Ursache und Wirkung sich gleichzeitig ereignet, was nach der Newton'schen Physik allerdings unmöglich ist. Mit der Einführung der Telegrafie im 19. Jahrhundert wird unmittelbare, zeitgleiche, weltweite Kommunikation dann zu einem kulturellen Phantasma."

Sprengers Hauptinteresse an diesem Thema galt – in einer Formulierung Jacques Derridas – der „Kohärenz im Widerspruch", also der Beobachtung, dass in der Wissenschaftsgeschichte zwei sich widersprechende Aussagen oder Konzepte zeitgleich nebeneinanderstehen können, ohne dass das bei entsprechenden Debatten zu einem Problem wird. Ein Beispiel ist die Physik des 18. Jahrhunderts: Einerseits ist den Physikern nach Newton klar, dass alle physikalischen Prozesse Zeit brauchen, zugleich aber hat man die Idee, dass es eine unmittelbare Übertragung gibt, die keine Zeit braucht. Das, betont Sprenger, zieht sich bis in das 19. Jahrhundert. „Noch bei Samuel Morse steht auf der gleichen Seite, dass Übertragung Zeit erfordert und Telegrafie unmittelbar ist."

Die Ursache für diesen Widerspruch sieht der Medienwissenschaftler darin, dass Medien historisch immer mit der Vorstellung aufgeladen wurden, Spaltungen zu überwinden, Differenzen oder Abstände zu nivellieren. Dieser Mythos sei selbst noch bei Marshall McLuhan lebendig. „Einerseits beschreibt McLuhan ausführlich Vermittlungsvorgänge der Medien und will zeigen, dass das Medium die Botschaft ist. Andererseits gibt es bei ihm ganz stark dieses Phantasma der Instantaneität und Unmittelbarkeit im globalen Dorf."

Es ist daher nicht überraschend, dass dieses Phantasma der Unmittelbarkeit auch die Mediennutzung im Internetzeitalter bestimmt – gegebenenfalls sogar mehr denn je. „Man muss allerdings immer beschreiben, welche Art von Unmittelbarkeit man damit meint: Bei einem Touchscreen etwa ist es die Idee der unmittelbaren Verfügung über das, was ich da berühre, bei Kommunikationstechniken vielleicht die unmittelbare Kommunikation zwischen zwei oder mehr Menschen."

Dieses Versprechen von Unmittelbarkeit, Wahrheit und Authentizität, das Medien kulturgeschichtlich implantiert ist, hatte fast zwangsläufig auch Auswirkungen auf die Theoriebildung: „Diese Unmittelbarkeitsphantasmen gibt es auch in den Medienwissenschaften und sie sind wichtig für das Fach, weil sie etwas mit dem Begehren zu tun haben, das dem Medienbegriff inhärent ist." Gerade deshalb aber sei es für die Medienwissenschaften auch wichtig, sich diese Unmittelbarkeitsrhetorik bewusst zu machen und sich ein Stück weit davon abzusetzen: „Medien", betont Sprenger, „produzieren eben keine Unmittelbarkeit, sondern vielmehr Differenzen. Nicht die Verbindung, die Medien herstellen, ist entscheidend, sondern die Trennung. Das Internet z. B. stellt Verbindungen zwischen Menschen her, aber vielleicht sind die Trennungen, die es erzeugt, genauso wichtig."

Mikroentscheidungen und Netzpolitik

Mit den Begriffen medialer Instantaneität und Immediatität befasste sich Florian Sprenger während eines Forschungsaufenthalts am Initiativkolleg „Sinne – Technik – Inszenierung" der Universität Wien, dann im Rahmen eines Fellowships am Internationalen Forschungszentrum Kulturwissenschaften (IFK), zu dem auch ein Forschungsaufenthalt am Department of Comparative Literature der Universität Stanford gehörte.

Im Nachklang seiner Promotionsschrift untersuchte Sprenger dabei Unmittelbarkeitsvorstellungen in der Frühzeit des Internets, etwa bei dem Informatiker Paul Baran, der ganz wesentlich an der Entwicklung des sogenannten paketvermittelten Netzwerkdesigns beteiligt war.

„In einem Vortrag hatte ich behauptet, dass diese Vorstellung von Unmittelbarkeit letztlich politisch sei. Als dann ein Kollege nachfragte, was denn daran politisch sei, konnte ich keine befriedigende Antwort geben. Also habe ich den Ehrgeiz entwickelt, eine Antwort darauf zu entwickeln." Das Ergebnis dieser Arbeit war das Buch *Politik der Mikroentscheidungen: Edward Snowden, Netzneutralität und die Architekturen des Internets*.

Im Kern geht es dabei darum, dass die Datenpakete beim Durchqueren des Internets zahlreiche Knotenpunkte passieren, an denen entschieden wird, welcher Pfad am besten zum Ziel führt, mit welcher Priorität die Pakete verarbeitet werden und mit welcher Geschwindigkeit.

Diese Mikroentscheidungen, auf denen die gesamte Netzwerktechnologie beruht, sind zugleich Einfallstore für die Kontrolle und Überwachung des Datenverkehrs, aber auch für die Manipulation z. B. der Verarbeitungsgeschwindigkeit – etwa aus ökonomischen Gründen.

„Diese Mikroentscheidungen geschehen an jedem Internetknotenpunkt in extrem hoher Geschwindigkeit, Milliarden Mal in der Sekunde. Und es ist wichtig, diesen technischen Prozess im Blick zu behalten und von der Ebene der Makroentscheidungen – also etwa, zu welchem Zweck Akteure im Netz agieren – zunächst klar zu unterscheiden, auch wenn der eine mit dem anderen zu tun hat."

Neben den politischen und ökonomischen Aspekten dieser netzwerkbedingten Mikroentscheidungen interessieren die Medienwissenschaftler darüber hinaus die Folgen dieser Technik für unser Menschenbild. „Beim Menschen gibt es ein physiologisches Unbewusstes und in diesem Sinne kann man auch von einem technologischen Unbewussten sprechen."

Medienökologie und Environment

Das Nachdenken über das Verhältnis von Menschenbildern und technologischer Entwicklung führte Sprenger schließlich zu seinem derzeitigen Forschungsprojekt, der begriffsgeschichtlichen Untersuchung des Ausdrucks „Environment", seiner jeweiligen Implikationen und der Plausibilität der Denkfiguren, die sich daraus entwickelt haben.

„Mir geht es um den Begriff des ‚Environments', den ich von demjenigen des ‚Milieus' oder der ‚Umwelt' trennen würde. Medienwissenschaftlich sind daran zwei Sachen interessant: zum einen, dass die Begriffe „Environment", „Milieu" und „Umwelt" eine ähnliche Funktion haben wie der Medienbegriff, sie bezeichnen etwas Vermittelndes. In der französischen Übersetzung von Newton etwa steht an der Stelle von ‚Medium' immer ‚Milieu' und das wird dann rückübersetzt zu ‚Environment'. Zum anderen interessiert mich die Funktion, die dieser Begriff in den letzten Jahren entwickelt hat."

Interessant dabei sei, dass das Environment ursprünglich etwas bezeichnete, was dem menschlichen Einfluss entzogen ist. Das änderte sich aber recht schnell. Anfang des 20. Jahrhunderts wurde das Environment zu etwas, was vom Menschen gestaltet ist. Dabei aber wurde zugleich deutlich, wie abhängig der Organismus von seiner Umgebung ist, sodass das Leben zunehmend als Zusammenspiel von Organismus und Environment verstanden wurde.

„Die Medien kommen dann ins Spiel, wenn wir etwa unter dem Stichwort ‚Internet der Dinge' mit intelligenten Umgebungen zu tun haben, also mit Umgebungen, in denen Techniken medial interagieren und dabei selbst eine neue Umgebung herstellen."

Im Ergebnis zeigt sich ein Prozess, bei dem sich die traditionellen Gegensätze auflösen. Sei man in der Vergangenheit lange von dem Phantasma einer unberührten Natur oder einer rein technischen Technik ausgegangen, so zeige die Entwicklung der letzten Jahrzehnte, dass Umwelten immer schon technisch gestaltet und Techniken Teil natürlicher Entwicklungen seien: „Man kann gar nicht verstehen, wie eine Kultur entsteht, wenn man die Co-Evolution von Mensch und Technik nicht berücksichtigt", so Sprenger.

»Man kann gar nicht verstehen, wie eine Kultur entsteht, wenn man die Co-Evolution von Mensch und Technik nicht berücksichtigt.«

Genau aus diesem Grund sieht Sprenger beispielsweise die zunehmende Verbindung von staatlich geförderter und industrieller Auftragsforschung insbesondere im Bereich der Digitalisierung kritisch: „Da das industrieorientierte Forschung ist, gehen 90 % der Stellen an Ingenieure oder Techniker. Das ist problematisch. Natürlich erfinden Medienwissenschaftler keine neuen Patente, sie müssten aber viel stärker verdeutlichen, dass sie ein begriffliches Vokabular und historisches Wissen haben, um über diese Gegenstände zu sprechen, diese einzuordnen und zu verstehen."

Anmerkung:

1 Florian Sprengers Fotoarbeiten sind abrufbar unter: flickr.com/photos/farbwahl

In der nächsten Ausgabe der *tv diskurs*:
der Luxemburger Medienrechtler Prof. Marc D. Cole

Dr. Alexander Grau
arbeitet als freier Kultur- und Wissenschaftsjournalist u. a. für „Cicero", „FAZ" und den Deutschlandfunk.

„Ich habe mir gewünscht, dass es kein Morgen mehr gibt"

Wie das Fernsehen über Ausländer berichtet

Thomas Hestermann

Das Fernsehen hat den gewalttätigen Ausländer als Angstfigur neu entdeckt. Während sich die Zahl der aktuellen TV-Berichte über nicht deutsche Gewalttäter seit 2014 vervierfacht hat, sind Anschläge auf Flüchtlinge und Zugewanderte kaum ein Thema. Politik und Behörden bestimmen die Debatte, Ausländer selbst kommen kaum zu Wort.

Es ist ein lauer Frühlingsabend, als eine 23-jährige Studentin mit ihrem 26-jährigen Freund in den Wiesen an dem Flüsschen Sieg bei Bonn ein Zelt aufschlägt. Die beiden lachen miteinander, hören Musik aus ihrer JBL-Box. Es wird dunkel, sie werden müde und kriechen in ihre Schlafsäcke. Kurz nach Mitternacht bricht das Grauen über sie herein. Es ist eine wahre Geschichte, geschehen in der Nacht zum 2. April 2017. Aber es ist so, als hätte sie jemand erfunden, um einer Angst Gestalt zu verleihen, die bereits in den Alltag eingedrungen ist. Ein Erzähler mit gnadenlosem Sinn für jedes schreckliche Detail, selbst wenn es noch so klischeehaft erscheint. Ein Erzähler ohne jede Scheu vor der giftigen Wirkung seiner Geschichte.

Die 23-Jährige studiert in Freiburg. Kurz zuvor ist dort eine Kommilitonin vergewaltigt und ermordet worden. Der Fall hat bundesweit Aufmerksamkeit erregt – erst recht, als ein afghanischer Asylbewerber unter dringenden Tatverdacht geriet. *Tagesschau*-Chefredakteur Kai Gniffke erwehrte sich in einem Facebook-Chat der wütenden Kritik, dass die *Tagesschau* nur deshalb nicht berichtet habe, um das wahre Ausmaß der Gewalt von Eingewanderten und Geflüchteten zu verschleiern. Unsinn, entgegnete Gniffke, die *Tagesschau* berichte nicht über einzelne Verbrechen, seien sie noch so grausam, und habe das ja auch anfangs nicht getan, als über den Tatverdächtigen noch gar nichts bekannt war.

Diese Geschichte wird wieder wach, als die 23-jährige Studentin und ihr Freund in der Bonner Siegaue zelten. Sie offenbart, wie sie im Dunkeln am Fluss die Angst beschleicht. Ihr Freund versucht, sie zu beruhigen. Dann hören sie einen Mann in gebrochenem Englisch fluchen. Mit einer gekrümmten Astsäge zerfetzt er das Zelt, brüllt und verlangt Wertsachen. Er zwingt die junge Frau, nach draußen zu kommen, beschimpft sie als „bitch" und vergewaltigt sie. Der 31-Jährige ist, wie sich später herausstellt, ein abgelehnter Asylbewerber aus Ghana. Ein Reporter von „Focus Online" rekonstruiert die Tatnacht (Spilcker 2017).

Die Tat wird in den sozialen Netzen vielfach als Folge einer verfehlten Flüchtlingspolitik diskutiert. Fantasien der Selbstjustiz und Kritik an einer verharmlosenden Lügenpresse machen sich breit. „Keine Meldung im Radio oder Fernsehen, fast niemand berichtet über diesen Ekelfall, dabei gehört er eigentlich in die *Tagesschau* – mindestens", heißt es in einem fremdenfeindlichen Portal am Tag nach der Tatnacht. Tatsächlich wird kurz darauf über die Gewalttat in zahlreichen Fernsehsendungen berichtet, nicht aber in den Hauptnachrichten von *Tagesschau* und *heute*. Die Mehrzahl der TV-Nachrichten zeigt das Phantombild der Polizei (siehe Abb. 1).

Abb. 1: Öffentliche Fahndung nach einer Vergewaltigung mit einem Phantombild des Tatverdächtigen

Newstime, ProSieben, 04.04.2017. Das Foto haben wir im Nachhinein mit einem Balken versehen.

Was sprach dafür, was dagegen, die Tat zu vermelden und den mutmaßlichen Täter zu zeigen? Wie befördert eine Berichterstattung über spektakuläre Straftaten, die von nicht deutschen Gewalttätern begangen werden, eine fremdenfeindliche Stimmung? Und stellt sich Medienverantwortlichen diese Frage überhaupt oder zählen allein Relevanz und Publikumsinteresse?

In unserer nunmehr zehnjährigen Forschung an der Hochschule Macromedia zur Gewaltberichterstattung des deutschen Fernsehens, unterstützt vom Kriminologischen Forschungsinstitut Niedersachsen und der Freiwilligen Selbstkontrolle Fernsehen (FSF) (Hestermann 2010; 2016), gehört die Thematisierung sowohl ausländischer Tatverdächtiger wie ausländischer Gewaltopfer zu den forschungsleitenden Fragen. In diesem Jahr haben wir erstmals den Blick auf die gesamte Berichterstattung der Fernsehnachrichten und TV-Boulevardmagazine über Zugewanderte und Geflüchtete in Deutschland erweitert und um eine Analyse der Zeitungsberichterstattung ergänzt.

Einwanderung als Kriminalitätsproblem: „crimmigration"

Ein neuer Begriff weht durch die wissenschaftliche Welt, die Rede ist von „crimmigration". Der Mischbegriff aus „crime" und „migration" beleuchtet den Zusammenhang zwischen Einwanderung und Kriminalität. Gemeint ist abweichendes Verhalten von Migranten wie auch die Kriminalisierung von Migration an sich. Eine zentrale Rolle spielt dabei die mediale Wahrnehmung der Eingewanderten und Geflüchteten. Das „European Journal of Criminology" widmete 2017 eine Sonderausgabe der „Crimmigration in Europe".

Eine Reihe von Studien untersucht, ob ausländische Tatverdächtige in besonderer Weise stigmatisiert werden. Dies wird überwiegend bejaht. Eine verzerrte Darstellung von Minderheiten stellen Dixon und Linz fest. Ihnen zufolge tauchen Schwarze und Lateinamerikaner in Fernsehnachrichten US-amerikanischer Sender vor allem als Tatverdächtige, seltener als Opfer auf (Dixon/Linz 2000).

Holmes und Castaneda (2016, S. 12) sehen eine mediale Anklage gegenüber Flüchtlingen, denen eine Schuld an ihrer Not zugewiesen werde. Brouwer, van der Woude und van der Leun (2017, S. 101) unterstreichen eine zentrale Rolle der Medien darin, Eingewanderte als kriminell darzustellen und damit die Reaktion der Strafjustiz auf illegale Einwanderung zu rechtfertigen. Nach einer Langzeitanalyse holländischer Zeitungen 1999–2013 breche immer wieder das Klischee des kriminellen Illegalen heraus (ebd., S. 113). Fotopoulos und Kaimaklioti (2016, S. 276) dagegen beobachten in der griechischen, deutschen und britischen Presse Muster, einen empathischen Zugang zu den Geflüchteten zu eröffnen.

Gelegentlich wird den Medien als Produzenten von Stereotypen der Ungewissheit und Bedrohung eine geradezu strategische Rolle dabei zugeschrieben, Immigranten und Flüchtlinge als Feinde am Eingangstor zur westlichen Welt zu entmenschlichen (Esses/Medianu 2013, S. 518). Auch Khosravi-Nik (2010) ermittelt in britischen Zeitungen eine häufige Verknüpfung von Geflüchteten, Asylsuchenden und Immigranten mit Mustern von Bedrohung und Unsicherheit.

Deutsche Medien haben den gewalttätigen Ausländer als Angstfigur neu entdeckt

Unsere Analyse zeigt für die Hauptnachrichten und Boulevardmagazine der acht meistgesehenen deutschen Fernsehsender, analog auch für die meistverbreiteten überregionalen Zeitungen: Die Redaktionen haben den gewalttätigen Einwanderer als Angstfigur neu entdeckt. Seit der Kölner Silvesternacht 2015/2016 und den Vorwürfen gegenüber einer Unbequemes verschweigenden „Lügenpresse" richtet sich der mediale Blick zunehmend auf ausländische Tatverdächtige.

Unsere nunmehr zehnjährige Fernsehforschung zeigt, wie sehr sich der mediale Blick auf nicht deutsche mutmaßliche Gewalttäter verändert hat. Während deren Anteil an der Kriminalstatistik zwischen 2014 und 2016 um ein Drittel angestiegen ist, hat sich die explizite Nennung der nicht deutschen Herkunft seit 2014 vervierfacht (von 4,3 auf 16,4 %) (siehe Abb. 2). Zwar bleiben die Anteile hinter den noch höheren Zahlen der Polizeilichen Kriminalstatistik zurück – berücksichtigt wurden allerdings im Sinne von hoher Trennschärfe nur Fernsehberichte mit *ausdrücklichen* Hinweisen. Fast alle Beiträge beispielsweise über die Vergewaltigung in der Bonner Siegaue (siehe oben) wurden nicht codiert, da die Nationalität des Tatverdächtigen erst bei seiner Festnahme bekannt wurde.

Ein anderes Bild ergibt sich, wenn auch jene Beiträge mit eingerechnet werden, in denen implizit auf nicht deutsche Tatverdächtige verwiesen wird, etwa im Kontext des einzelnen Fernsehberichts. Dann beträgt der Anteil 28,4 % bei allen untersuchten Fernsehformaten 2017 (siehe Abb. 3), dabei gibt es zwischen öffentlich-rechtlichen und privaten Formaten oder zwischen Nachrichten und Boulevardmagazinen kaum Unterschiede. Wird dabei noch berücksichtigt, dass in der aktuellen Berichterstattung – anders als in Polizeistatistiken – die Nationalität von Tatverdächtigen vielfach nicht bekannt ist, haben die analysierten Fernsehsendungen 2017 insgesamt eher überproportional über die Gewalt von Zugewanderten und Geflüchteten berichtet.

Wenn es um Nichtdeutsche geht, dann vor allem mit Blick auf deutsche Ängste

Umso auffälliger ist das mediale Desinteresse an Ausländern als Gewaltopfern. Während die Sicherheitsbehörden seit 2014 einen Anstieg rechtsextremistisch motivierter Gewalt registrieren, wird darüber kaum berichtet. Erst seit 2013 erfasst das Bundeskriminalamt die Nationalität von Verbrechensopfern. Danach werden Nichtdeutsche weit überdurchschnittlich zu Opfern von Gewalt, verglichen mit ihrem Anteil an der Wohnbevölkerung. Ähnlich wie bei den Tatverdächtigen sind die Prozentzahlen zwischen 2014 und 2016 um ein Drittel hochgeschnellt. Doch der Anteil der als nicht deutsch bezeichneten Gewaltopfer an aktuellen Fernsehberichten hat sich seit 2014 halbiert (siehe Abb. 4).

Lediglich die Gerichtsurteile gegen Rechtsterroristen der sogenannten „Oldschool Society" und eine Tätergruppe im sächsischen Freital finden im Untersuchungszeitraum stärkere Beachtung. Beiträge wie jener in den ZDF-Nachrichten vom 16. März 2017 bilden die absolute Ausnahme. „Immer häufiger schlagen hier rechte Gewalttäter zu", heißt es in dem Beitrag, der den 13-jährigen Yousef porträtiert. Seine Familie floh aus Syrien und gelangte nach Burg in Sachsen-Anhalt. Nach der Flucht, so heißt es, beginnt Yousefs zweiter Albtraum. Der Junge schildert, wie er in der Schule immer wieder angegriffen wird: „Ich habe mir gewünscht, dass es kein Morgen mehr gibt, damit ich nicht aufstehen und zur Schule gehen muss" (*heute*, ZDF, 16.03.2017) (siehe Abb. 5).

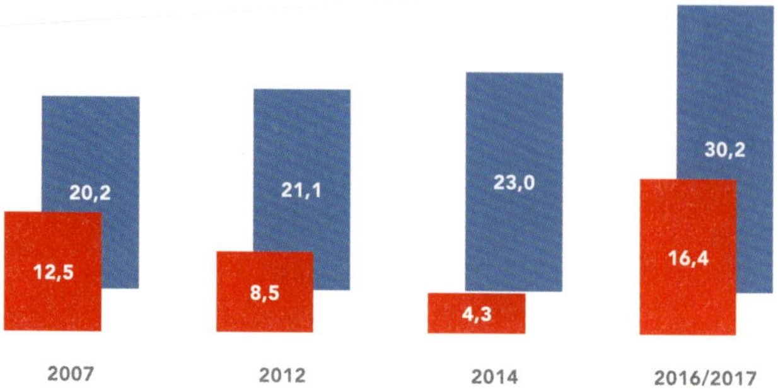

Abb. 2: Nicht deutsche mutmaßliche Gewalttäter im Vergleich von Kriminalstatistik und TV-Berichterstattung mit expliziter Nennung der Nationalität

■ Anteile TV **■ Anteile Kriminalstatistik**

Kriminalstatistik: Nicht deutsche mutmaßliche Gewalttäter, Anteile in % nach der Polizeilichen Kriminalstatistik für 2007, 2012, 2014 und 2016

TV: Anteil der explizit als nicht deutsch bezeichneten Tatverdächtigen bei Gewaltdelikten im Inland, insgesamt 1.047 Tatverdächtige bzw. Verurteilte aus 1.049 Fernsehbeiträgen in Nachrichten und Boulevardmagazinen der meistgesehenen deutschen TV-Sender aus 2007, 2012, 2014, 2017

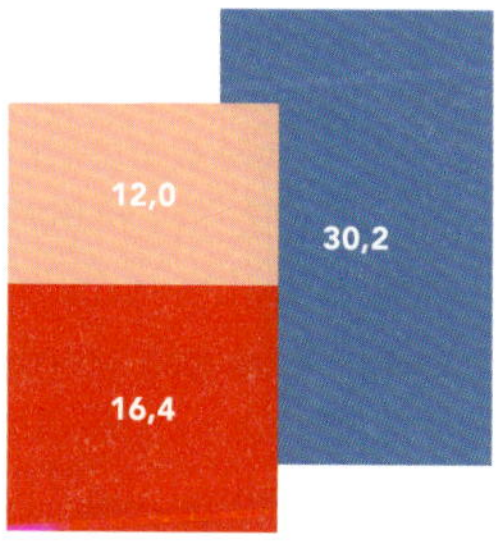

Abb. 3: Nicht deutsche mutmaßliche Gewalttäter im Vergleich von Kriminalstatistik und TV-Berichterstattung 2017 mit expliziter und impliziter Nennung der Nationalität

Anteile TV: **■ Anteile Kriminalstatistik**
■ explizite Nennung
■ implizite Nennung

Kriminalstatistik: Nicht deutsche mutmaßliche Gewalttäter, Anteile in % nach der Polizeilichen Kriminalstatistik für 2016

TV: Anteil der explizit (rot) und im Kontext (rosa) als nicht deutsch bezeichneten 324 Tatverdächtigen bzw. Verurteilten bei Gewaltdelikten im Inland aus 314 Fernsehbeiträgen in Nachrichten und Boulevardmagazinen der meistgesehenen deutschen TV-Sender in vier Programmwochen, Januar bis April 2017

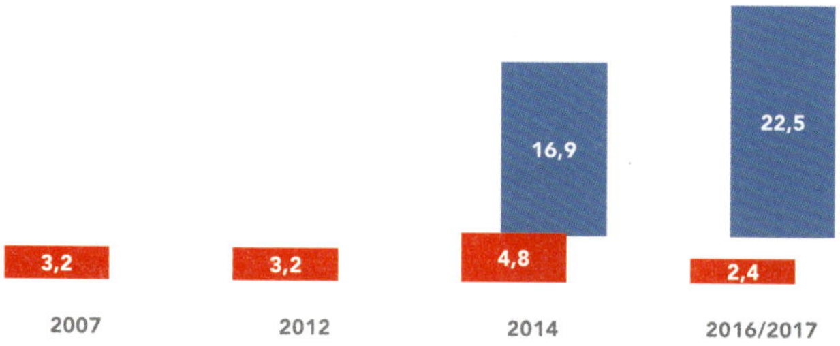

Abb. 4: Nicht deutsche Gewaltopfer im Vergleich von Kriminalstatistik und TV-Berichterstattung mit expliziter Nennung der Nationalität

■ Anteile TV **■ Anteile Kriminalstatistik**

Kriminalstatistik: Nicht deutsche Gewaltopfer, Anteile in % nach der Polizeilichen Kriminalstatistik für 2014 und 2016 (vor 2013 keine Erfassung)

TV: Anteil der explizit als nicht deutsch bezeichneten Opfer von Gewaltdelikten im Inland, insgesamt 1.273 Gewaltopfer in 1.049 Fernsehbeiträgen in Nachrichten und Boulevardmagazinen der meistgesehenen deutschen TV-Sender aus 2007, 2012, 2014, 2017

Alle Angaben „Kriminalstatistik": Quelle: Bundesministerium des Innern
Alle Angaben „Anteile TV": Hestermann, Macromedia u. a.

© ZDF

Abb. 5: Gewalt an Ausländern: kaum ein Thema im deutschen Fernsehen

heute, ZDF, 16.03.2017. In diesem Beitrag geht es um fremdenfeindliche Gewalt, die zunehmend Flüchtlingskinder trifft.

In den TV-Berichten über Gewaltkriminalität kommt die Polizei in 23,9 % der Beiträge zu Wort, die Justiz in 19,1 %, die Politik in 10,2 %. Soweit es um Zugewanderte und Geflüchtete geht, bekommen diese selten Gelegenheit, sich zu äußern – lediglich in 13,6 % aller Fernsehberichte in den untersuchten Programmwochen.

Ausländer sind für die Berichterstattung vor allem dann interessant, wenn sie unter Tatverdacht stehen: 45 von 81 Fernsehbeiträgen über Menschen, die ohne deutschen Pass in Deutschland leben, handeln von Straftaten – mit 55,6 % die knappe Mehrzahl. In den übrigen Beiträgen geht es meist um Streitthemen wie das Verbot von Kinderehen, die Zulässigkeit von religiösen Symbolen am Arbeitsplatz oder die Auswertung der Handydaten von Asylbewerbern.

Ohnmacht und Hilflosigkeit in der Integration

Wie sähe ein konstruktiver Journalismus aus, der die Mühen der Integration beschreibt, ohne sie zu beschönigen, dabei aber auch mögliche Lösungen in den Blick nimmt? Das Gegenbild zu den Geflüchteten und Eingewanderten, die Probleme machen, sind nicht jene, die Probleme haben, sondern diejenigen, die Probleme überwinden. In der Soziologie kursiert der Begriff des „boundary blurring“, der auf Grenzverwischung abzielt, ein Verschwimmen kultureller Unterschiede (Alba 2005). Jene Grenzgänger schöpfen aus dem Reichtum mehrerer Kulturen und sind an verschiedenen Orten zu Hause. Doch ihre Geschichten werden kaum oder allenfalls in melancholischem Ton erzählt.

Die 37-jährige Kasachin Alexandra Zaitseva lebt seit 20 Jahren in Köln, hat Deutsche Literatur studiert und leitet ein Reisebüro, wie das ZDF-Boulevardmagazin *hallo deutschland* berichtet (16.01.2017). Ihre Einbürgerung in Deutschland scheitert an bürokratischen Hindernissen, obwohl sie den Einbürgerungstest mit der Höchstzahl von Punkten bestanden hat. Nun darf die Frau, die anderen ihre Reisewünsche erfüllt, nicht einmal mehr Köln verlassen: „Ich habe das Gefühl, ich bin total ohnmächtig und hilflos.“

Literatur:

Alba, R.: *Bright vs. blurred boundaries: Second generation assimilation and exclusion in France, Germany, and the United States.* In: Ethnic and Racial Studies, 1/2005/28, S. 20–49

Brouwer, J./van der Woude, M./van der Leun, J.: *Framing migration and the process of crimmigration: A systematic analysis of the media representation of unauthorized immigrants in the Netherlands.* In: European Journal of Criminology, 1/2017/14, S. 100–119

Dixon, T. L./Linz, D.: *Race and the Misrepresentation of Victimization on Local Television.* In: Communication Research, 5/2000/27, S. 547–573

Esses, V. M./Medianu, S.: *Uncertainty, Threat, and the Role of the Media in Promoting the Dehumanization of Immigrants and Refugees.* In: Journal of Social Issues, 3/2013/69, S. 518–536

Fotopoulos, S./Kaimaklioti, M.: *Media discourse on the refugee crisis: on what have the Greek, German and British press focused?* In: European View, 15/2016, S. 265–279

Hestermann, T.: *Fernsehgewalt und die Einschaltquote: Welches Publikumsbild Fernsehschaffende leitet, wenn sie über Gewaltkriminalität berichten.* Baden-Baden 2010

Hestermann, T.: *„Violence Against Children Sells Very Well“. Reporting Crime in the Media and Attitudes to Punishment.* In: H. Kury/S. Redo/E. Shea (Hrsg.): Women and Children as Victims and Offenders: Background, Prevention, Reintegration. Suggestions for Succeeding Generations, Band 1. Cham 2016, S. 923–947

Holmes, S./Castaneda, H.: *Representing the „European refugee crisis“ in Germany and beyond: Deservingness and difference, life and death.* In: American Ethnologist, 1/2016/43, S. 12–24

KhosraviNik, M.: *The representation of refugees, asylum seekers and immigrants in British newspapers. A critical discourse analysis.* In: Journal of Language and Politics, 1/2010/9, S. 1–28

Spilcker, A.: *Vergewaltigung in Bonner Siegaue: Studentin blieb ruhig, um ihren Freund zu schützen.* In: Focus Online, 06.06.2017

Welch, K.: Black Criminal Stereotypes and Racial Profiling. In: Journal of Contemporary Criminal Justice, 3/2007, S. 276–288

Dr. Thomas Hestermann ist Medienwissenschaftler und Professor für Journalismus an der Hochschule Macromedia in Hamburg und Berlin. Er forscht zu Stereotypen der Berichterstattung.

Mediennutzungsstrategien

Gerd Hallenberger

Solange die Vorstellung überwog, Mediennutzung bedeute primär die eher passive Rezeption eines Angebots, ging es bei strategischen Überlegungen im Kern nur um die Frage der Selektion. Mediennutzungsstrategien waren Auswahlstrategien – welches Buch, welchen Film, welche Musik oder welche Radio- bzw. Fernsehsendung will ich rezipieren? Da den einzelnen Angeboten zumeist eindeutige Funktionen zugeordnet waren, ließ die Wahl sofort erkennen, ob sich jemand unterhalten oder informieren will und welche besonderen Interessen vorliegen. Bei den weiteren Nutzungsschritten, der Rezeption selbst, kamen nutzungsstrategische Überlegungen allenfalls in Ausnahmefällen wie anhand von GfK-Zahlen nachgewiesenen Kanalwechseln bei Fernsehsendungen in den Blick. So kam man etwa dem „Unterhaltungsslalom" zum Ausweichen von Informationssendungen oder der Strategie der „Werbevermeidung" auf die Spur.

Ansonsten wurde der Rezeptionsvorgang von der Angebotsseite aus interpretiert. Was vor allem interessierte, war: Wurde das Angebot in seiner Totalität verstanden? Falls nicht, war es zu kompliziert oder wurde ihm nicht die notwendige Aufmerksamkeit geschenkt? Diese binäre Einteilung in gelungene oder nicht gelungene Rezeptionsprozesse wurde natürlich mit der Durchsetzung des Konzepts des „aktiven Nutzers" obsolet, der nicht nur auswählt, sondern auch selbst entscheidet, was er mit dem gewählten Medienangebot anfangen will. Als Konsequenz sind bis heute viele sehr unterschiedliche Umgangsweisen mit Medieninhalten festgestellt worden, von denen einige sogar vom konkreten Medieninhalt weitgehend unabhängig sind.

Am Anfang jeder Mediennutzung steht eine strategische Grundsatzfrage: Wie viel Aufwand bin ich bereit zu betreiben, um im besten Fall welches Ergebnis zu erzielen? Diese Frage klingt zwar einfach, beinhaltet aber viele Faktoren, die im Rahmen einer komplexen Kosten-Nutzen-Abwägung berücksichtigt werden müssen. Wie viel Zeit und Aufmerksamkeit möchte ich investieren? Wie viel Vorwissen und wie viel emotionale Beteiligung? Bin ich bereit, Nutzungsrisiken einzugehen? Wähle ich eher ein völlig unbekanntes Angebot, das ich möglicherweise ganz toll finde, vielleicht aber auch furchtbar? Oder stütze ich mich bei meiner Wahl lieber auf frühere Nutzungserlebnisse und entscheide mich für Vertrautes, wodurch ich mir Enttäuschungen erspare?

Bei allen Varianten geht es um Optimierung, was als Konsequenz auch eine Multiplikation der Typen gelungener bzw. nicht gelungener Rezeptionsprozesse bedeutet. Als gelungen wird nicht nur empfunden, wenn ich beispielsweise mit hohem intellektuellen und emotionalen Einsatz aufmerksam einen komplexen Film verfolge, der sich meines Einsatzes als würdig erweist. Ebenfalls gelungen ist ein Fernsehabend, an dem ich mäßig gelangweilt bei einem Serienkrimi hängen bleibe, der zwar nicht besonders spannend ist, aber ich sehe halt den Hauptdarsteller gern. Im ersten Fall investiere ich viel und erwarte ein intensives Erlebnis, im zweiten gebe ich wenig und erwarte wenig.

Derartige Grundsatzentscheidungen sind bei jedem Medium und jedem Nutzungsinteresse zu treffen – egal ob es um Film, Musik, Radio oder Fernsehen geht, egal ob ich situativ informations- oder unterhaltungsorientiert bin oder eine Interessenmischung vorliegt. Solche Entscheidungen sind sowohl bei instrumenteller Mediennutzung zu treffen, also bei gezielter Zuwendung zu bestimmten Medieninhalten, als auch bei habitualisierter bzw. ritualisierter Nutzung. Dieser zweite Fall bedeutet den mehr oder weniger unbewussten Rekurs auf früher einmal getroffene Entscheidungen in spezifischen Nutzungssituationen.

In der Fachliteratur sind auch zahlreiche Nutzungsstrategien beschrieben worden, bei denen relativ abstrakte Ziele im Vordergrund stehen, auf die man bei inhaltsanalytischer Untersuchung der genutzten Inhalte nicht so leicht stoßen würde. Geradezu ein Klassiker in dieser Hinsicht ist die *Tagesschau* der ARD: Immer wieder wurde festgestellt, dass sie in zu kurzer Zeit zu viele Themen in schwer verständlicher Sprache abhandelt, was ihre Beliebtheit nachweislich aber nicht beeinträchtigt hat. Ein Erklärungsansatz dafür rekurriert auf den Status der Sendung – die *Tagesschau* ist nicht nur eine Nachrichtensendung, sie ist *die* Nachrichtensendung. Das bedeutet, sie vermittelt nicht lediglich Informationen, sondern das Gefühl, informiert zu sein.

Eine recht gut erforschte Strategie der Mediennutzung ist das Mood-Management. Damit ist gemeint, dass Medieninhalte als Mittel zur Stimmungsregulierung benutzt werden, also etwa bei hoher innerer Anspannung eher Entspannung gesucht wird und bei Langeweile eher Spannendes. Strategische Bedeutung können auch einzelne Nutzungsziele bekommen, wenn sie eindeutig im Vordergrund stehen – so die parasoziale Interaktion, das Eingehen einer vorgestellten, einer Als-ob-Beziehung mit Medienakteuren, als Ersatz oder Erweiterung realer persönlicher Kommunikation. Vergleichbares gilt für verschiedene Nutzungsziele, die unter dem Begriff „Selbstgenuss" zusammengefasst werden können. Dazu gehört beispielsweise das genussvolle Erleben eigener Kompetenz – als virtueller Quizkandidat vor dem Bildschirm etwa, als jedem Sportreporter an Fachwissen überlegener Fußballzuschauer oder als Filmexperte, der bei den eigenen Lieblingsfilmen jedes Detail kennt. Eine völlig andere Form von Selbstgenuss ermöglichen Berichte über tragische Ereignisse oder die fiktionalen Angebotsformen Melodram und Tragödie – in Mitleid und Empathie erleben wir uns zu starken Gefühlen fähig.

Vor allem in Singlehaushalten kann außerdem eine Nutzungsstrategie beobachtet werden, bei der Inhalte völlig beliebig sind: Man kommt von der Arbeit nach Hause und schaltet als Erstes Radio oder Fernsehen an – nicht um etwas Bestimmtes zu hören und/oder zu sehen, sondern um sich symbolisch mit der Welt da draußen zu koppeln. Jenseits aller Medieninhalte empfange ich auf diese Weise eine ganz besonders wichtige Botschaft: Ich bin nicht allein.

Dr. habil. Gerd Hallenberger ist freiberuflicher Medienwissenschaftler.

Werner C. Barg

Warum ist es heutzutage so schwierig, über Utopien zu schreiben und zu filmen? Der Beitrag geht dieser Frage nach und zeigt, dass die Dystopien in Literatur und Film in der Gegenwart das Denken von Utopie erschweren.

„Die Zukunft wartet nicht!"

Plädoyer für utopisches Denken

Vorbemerkung: Es war einmal ...

1983 nannte Alexander Kluge das von ihm herausgegebene Buch zum 20-jährigen Jubiläum des deutschen Films *Bestandsaufnahme: Utopie Film*. Kluge und die mitwirkenden Autorinnen und Autoren entwickelten in ihren Beiträgen auf fast 600 Seiten Zukunftsperspektiven, wie die deutsche Filmlandschaft auf die Herausforderung reagieren könnte, dass „mit jedem neuen Medium, mit jedem neuen **Bilderflut-Programm** [H. i. O.], mit jedem ‚Mehr' [...] etwas beschnitten [wird]" (Kluge 1983, S. 6). Ein durchaus symptomatisches Zitat für eine Zeit, in der man Gegenentwürfe und Utopien als Bilder und Konzepte einer wünschenswerten Zukunft entwarf und diskutierte, wenn man mit einer Entwicklung nicht einverstanden war.

„Der Modernisierungsprozess reguliert sich nicht an den Utopien einer immer besseren Gesellschaft. Er produziert vielmehr eine Fülle von Widersprüchen, in die die Medien eingelagert sind", schrieb der Sozialwissenschaftler und Medienpädagoge Dieter Baacke (1997, S. 26). 14 Jahre nach Kluges *Utopie*-Buch gehörten auch für Baacke, trotz mancher Skepsis, Utopie und soziales Fortschrittsdenken immer noch zusammen.

Das Ende der Utopie?

Ruft man heute im Internet eine Begriffsdefinition für „Utopie" auf, so bietet Google als Erstes die folgende Erklärung an: „[...] eine Idee, die so wirklichkeitsfern oder fantastisch ist, dass man sie nicht verwirklichen kann. [...] die Utopie einer gerechten Gesellschaft." Wo selbst die Begriffsdefinition der Utopie schon dystopisch geworden ist, müsste wohl auch in Baackes Zitat das Wort „Utopie" heutzutage durch den Begriff „Dystopie" ersetzt werden.

Was ist geschehen? Warum hat sich der mit dem Utopie-Begriff verbundene Wunsch nach einer besseren Gesellschaft dermaßen verflüchtigt? Und: Was machen die literarischen wie filmischen Dystopien, die aktuell en vogue sind, mit dem utopischen Denken?

Die Schrecken der Gegenwart im Spiegel von Kino und TV-Serie

Mit dem Anschlag islamistischer Terroristen auf das World Trade Center in New York am 11. September 2001 begann eine Zeitenwende, die auch eine Umwertung moralischer Werte nach sich zog. Dem kriegerischen Handeln, auch gegen

24
Homeland

Jugend ohne Gott

Zivilisten, vonseiten der Anti-Terror-Koalition stehen seither Selbstmordattentate und die Gewaltherrschaft des sogenannten „Gottesstaates" gegenüber. Mit dem Kampf gegen den Terror veränderten sich die Idealbilder der US-Gesellschaft, die besonders auch über die Heldenbilder in Mainstreamfilmen und Serien transportiert werden. Uramerikanische Ikonen, die durchaus humorvoll und mit einer Portion Selbstironie ausgestattet stets für die gerechte Sache kämpften – wie die ursprünglichen Comicfiguren *Batman* und *Superman* –, wurden in den Kinoverfilmungen nach der Jahrtausendwende zu düster zweifelnden, zerrissenen Figuren, die mit den dunklen Seiten ihrer Persönlichkeit mindestens genauso viel zu kämpfen hatten wie mit den Bösewichten, an deren Taten sie ihr Handeln mehr und mehr anpassen mussten, um noch „gewinnen" zu können.

Aus Kämpfern für die Utopie einer besseren Welt wurden dystopische Helden, die selbst im dunklen Sumpf aus Verbrechen, Korruption, Intrige und Verrat zu versinken drohten.

Auch in den „High-Quality"-Serien, die von den USA aus in den 2000er-Jahren ihren Siegeszug auf die Bildschirme und Heimkino-Leinwände antraten, tauchten nun gebrochene Heldenfiguren auf: Spezialagent Jack Bauer verliert in der Serie *24* (USA 2001–2010) im Kampf gegen Terroristen Familie und Freunde, wird immer gewalttätiger und schreckt selbst vor den Mitteln des Gegners, brutaler Folter und willkürlichen Hinrichtungen, nicht mehr zurück. CIA-Agentin Carrie Mathison muss in *Homeland* (USA 2011–) nicht nur gegen das intrigante Geflecht der Geheimdienste aus Verrat und Korruption, sondern auch gegen ihre psychische Erkrankung, eine bipolare Persönlichkeitsstörung, ankämpfen. Auch in den Figuren der Gegenspieler spiegelte sich nun immer deutlicher das Zeitgefühl, der amerikanische Traum von Freiheit und Gerechtigkeit sei dahin. So wird beispielsweise in *Homeland* der US-Elitesoldat Brody zum Terroristen gegen das eigene Land, weil er den Tod eines unschuldigen irakischen Kindes rächen will, nachdem er erleben musste, wie die US-Armee den Terror auch durch Angriffe gegen die Zivilbevölkerung bekämpft. Mit der Erkenntnis, dass man auch mit solch drastischen Mitteln den Terrorismus nicht besiegen kann und es keinen wirklichen Schutz vor Terroranschlägen gibt, spiegeln Politserien wie *Homeland* die gesellschaftlichen Ängste.

Zunehmende Spaltung von Gesellschaften

Die Finanzkrise 2007 zerstörte schließlich das Leben auf Pump von Millionen von US-Amerikanern. Mit der sozialen Deklassierung wuchs die Verunsicherung breiter Mittelschichten; die Spaltung der Gesellschaft nahm zu. Das Gefühl vieler, von der wachsenden Globalisierung der Wirtschaft nur Nachteile zu haben und vom gesellschaftlichen Fortschritt abgekoppelt zu sein, vergrößerte sich und machte schließlich den rechtskonservativen Donald Trump zum US-Präsidenten, der sich keineswegs – wie sein Vorgänger Barack Obama – um eine Annäherung, sondern vielmehr um eine weitere Polarisierung der widerstreitenden sozialen Kräfte bemüht.

Die Romantrilogie *Die Tribute von Panem* (USA 2008–2010), die ab 2012 auch erfolgreich verfilmt wurde, fasste diese gesellschaftliche Entwicklung der USA als Ausgangspunkt der Erzählung in einer düsteren Zukunftsvision zusammen: Aus einem neuerlichen Bürgerkrieg ist auf dem Territorium der USA der totalitäre Staat Panem entstanden, der die Spaltung der Gesellschaft nunmehr schon allein räumlich durch eine klare Trennung zwischen einer Zentrale, dem Kapitol, in dem die Eliten des Staates gut und gerne leben, und 13 Distrikten, in denen die sozial Deklassierten für die Zentrale schuften müssen, sinnfällig macht.

Auch in Deutschland kam die *Panem*-Dystopie gut an. Augenscheinlich kann ein Massenpublikum den dargestellten Zustand einer gespaltenen, zumindest aber zunehmend von polarisierenden Kräften beherrschten Gesellschaft gut nachvollziehen: Die Arbeitsmarktreform der rot-grünen Bundesregierung in den 2000er-Jahren führte zu einer Gerechtigkeitslücke, durch die sich viele Bürger bis heute sozial gedemütigt und deklassiert fühlen. Der islamistische Terror verstärkt gesellschaftliche Ängste. Und auch die Wirtschaftsskandale der jüngsten Zeit schaffen Verunsicherung und zeigen, dass zwischen politischen Entscheidungsträgern und Vertretern der Wirtschaft engere Lobbybeziehungen bestehen, als es für eine offene parlamentarische Demokratie angemessen sein sollte. Ängste und Verunsicherung sind aber wiederum die Quellen, aus denen das politische Wasser auf die Mühlen derjenigen fließt, die die liberale Gesellschaft derzeit besonders von rechts anzugreifen versuchen.

Dystopische Erzählung *Jugend ohne Gott*

Aktuell läuft in den deutschen Kinos ein Film, der solche negativen Tendenzen in der deutschen Gesellschaft gleichfalls in dystopischer Erzählung bündelt und auf die Zukunft hochzurechnen versucht: *Jugend ohne Gott* (D 2017), Alain Gsponers sehr freie Adaption des gleichnamigen Romans von Ödön von Horváth aus dem Jahre 1937. Erzählte Horváth seinerzeit die Geschichte eines kaltherzigen Mörders im Kontext eines autoritären Staates, bei dessen Schilderung im Roman offen-

Die Tribute von Panem
The Circle

sichtlich die reale Gewaltherrschaft der Nazis zu jener Zeit in Deutschland Pate stand, so verlegt Gsponer das Zeitalter der Kaltherzigen oder – wie Horváth es selbst nannte – das „Zeitalter der Fische" in ein Zukunftsdeutschland, das durch eine elitär-autoritäre Leistungsgesellschaft geprägt ist. Wer die ihm abverlangten Leistungen erbringt und sich im Sinne des Staates wohlgefällig verhält, lebt das luxuriöse Leben der Eliten in den Metropolen. Wer die Leistung nicht oder nicht mehr erbringt, wird ausgesondert und in die Elendsquartiere der „Sektoren" transportiert.

Die Dystopie der Utopie

Die Parallelen zwischen *Die Tribute von Panem* und *Jugend ohne Gott* sind offensichtlich: Beide Zukunftsvisionen wählen die Gespaltenheit bzw. Polarisierung der Gesellschaft als Ausgangspunkt und steigern in ihren Fiktionen – wie die meisten gegenwärtigen Dystopien – vorhandene negative Tendenzen ins Extrem weiter. Dabei beziehen sie sich auf aktuelle Gesellschaftszustände und interpolieren diese in der Zukunft. Dadurch werden aber positive Entwicklungen gegenwärtiger Gesellschaften in der dystopischen Erzählung ebenfalls negiert.

In jener Zeit, in der Kluge sein utopisches Filmbuch schrieb, erwuchs aus der Anti-Atomkraft-Bewegung die Utopie einer Gesellschaft, die ihren Energiebedarf aus den natürlichen Ressourcen der Erde – Wind, Wasser und Sonne – deckt und sorgsam mit diesen Ressourcen umgeht. Selbst wenn Letzteres noch bei Weitem nicht erreicht ist, so ist die aktuelle Gesellschaft in Deutschland doch seit dem Atomausstieg auf dem Weg, dieses utopische Denken Realität werden zu lassen.

Jugend ohne Gott endet mit einer Totale, in der ein in einem vermeintlichen Happy End vereintes Paar Händchen haltend auf einem Weg neben einem riesigen Park mit Windrädern davonschreitet. Die Windräder dominieren übermächtig das Schlussbild des Films. Die Utopie von der „sauberen Energie" wird hier also zum Bestandteil der Dystopie. Und dies auch deshalb, weil schon zuvor – quasi nebenbei – erzählt wird, dass sich die Eliten nur mit „Bio-Food" ernähren, sich sportlich fit halten und ihre Leistung ständig optimieren, während diejenigen, die dick sind und „ungesund" leben, in den „Sektoren" ein finsteres Dasein fristen müssen. Ohne dass dies explizit ausgesprochen wird, erscheint die Dystopie einer inhumanen Gesellschaft, die den Menschen zu permanent optimierbaren Leistungsmaschinen degradiert, in der Darstellung des Films als eine Art Öko-Faschismus, wodurch durchaus sinnvolle Ansätze eines ökologischen Umbaus unserer aktuellen Gesellschaft durch die filmische Dystopie desavouiert werden.

Ein ähnlicher Befund findet sich in *Die Tribute von Panem*: Das Kapitol wird im ersten Teil des Films als Zentrale der Panem-Diktatur und ihrer herrschenden Eliten für den Zuschauer deutlich negativ besetzt: dekadent und sensationslüstern, aber auch multikulturell und transgenderorientiert, wodurch wiederum die Verwirklichung einer Utopie – der Versuch, multikulturell und genderoffen in Gesellschaft zusammenzuleben – durch die Dystopie negiert wird. Zu diesem Befund passt der Schluss der Verfilmung, in der als Ideal des Lebens nach der überstandenen Rebellion und Revolution gegen die Diktatur in Bildern voller Sentimentalität ein konservatives Familienbild heterosexueller Zweisamkeit mit klar verteilten traditionellen Frauen- und Männerrollen visualisiert wird.

Die Verfilmung *The Circle*: Dystopie oder Utopie?

Ähnlich kritisch darf schließlich auch die aktuelle Verfilmung *The Circle* von Regisseur James Ponsoldt nach dem gleichnamigen Roman von Dave Eggers betrachtet werden. Das hier skizzierte Bild: eine Welt ohne Geheimnisse. Alles wird offengelegt. Kein Mensch kann noch irgendetwas verstecken. So etwas wie eine Privatsphäre gibt es nicht mehr. Das ist der Traum von Eamon Bailey. Er ist einer der Gründer des allmächtigen Internetunternehmens „The Circle". Unter dem Motto „Die Zukunft wartet nicht" sieht sich die Firma als Helfer ihrer Kunden, beschafft ihnen Zugang zum Internet und liefert ihnen dort viele Serviceleistungen. Wen Dave Eggers beim Erfinden dieser Firma vor Augen hatte, ist klar: die großen Internetfirmen wie Google, Facebook oder Amazon.

Erzählt wird aus der Sicht der 24-jährigen Mae Holland. Mae glaubt, das große Los gezogen zu haben, als sie durch die Vermittlung ihrer Freundin Annie bei „Circle" anfangen darf. Zunächst ein „kleines Licht" in der Reklamationsabteilung, gewinnt sie das Vertrauen von Firmengründer Bailey und wird eine glühende Verehrerin seiner Firmenphilosophie. Als Bailey überall auf der Welt winzige Digitalkameras installieren lässt, die gestochen scharfe HD-Bilder liefern, geht Mae seinen Weg in den perfekten Überwachungsstaat voll mit. Mae teilt Baileys Argumente, die Kameraüberwachung mache das Leben leichter: Menschen mit Behinderung könnten mehr am Leben teilhaben, Verbrechen würden verhindert und das Verhalten von Politikern könne durchsichtiger gemacht werden. Wenn überall auf der Welt die „Circle"-Kameras installiert seien, entstünde eine Öffentlichkeit z. B. für Demonstranten, die gegen Diktatoren kämpften und sich brutaler Polizeigewalt erwehren müssten. Mae wird Baileys „Aushängeschild" seiner Transparenz-Kampagne.

Erst durch die Begegnung mit ihrem geheimnisvollen Kollegen Kalden, der Baileys Plänen skeptisch gegenübersteht, kommen Mae Zweifel. Diese vertiefen sich, als immer offensichtlicher wird, dass all diejenigen, die sich dem Überwachungswahn von Bailey und seinen Anhängern nicht unterwerfen, gemobbt und bedroht werden. Als es zu einem Todesfall kommt, der Mae sehr persönlich betrifft, fällt sie die Entscheidung, auch von Bailey jene Transparenz zu verlangen, die er selbst allen anderen abverlangt.

Die Verfilmung weicht im Schlussteil deutlich vom Buch ab. Während Eggers seine Hauptfigur klar als Antiheldin charakterisiert und ihre als auch Baileys Vision der totalen Überwachung als Kontrollwahn entlarvt, belässt es der Film bei einer Schilderung der Handlungen Maes. So bleibt es am Ende dem Zuschauer überlassen, ob er Maes Vision des totalen Überwachungsstaates als Dystopie verurteilt oder als annehmbare Utopie einer schönen neuen Internetwelt begrüßt. Entscheidet er sich für die erste Sichtweise, so wird Maes und Baileys utopisches Denken wieder einmal dystopisch negiert; stimmt er Maes Utopie zu, so erweist sich die Utopie dennoch als negativ, weil sie ganz offensichtlich gegen das in der UN-Menschenrechtscharta verbriefte Recht auf Privatleben verstößt.

Fazit

Utopisches Denken hat es heute also deshalb nicht nur schwer, weil die aktuellen Zeitläufte die Menschen nicht gerade auf eine bessere Zukunft hoffen lassen, sondern auch, weil die Dystopien der Gegenwart zugleich die Utopien der Vergangenheit und deren Realisationsansätze heutzutage mit negieren.

Gesellschaften ohne Utopien jedoch sind arm dran. Nicht wenige Impulse für positive gesellschaftliche Entwicklungen entspringen dem utopischen Denken. Zum Glück gibt es in der aktuellen Kinolandschaft durchaus auch Filme, die Utopien spiegeln, aber eben auch von deren Bedrohung erzählen – wie etwa der neue Luc-Besson-Film *Valerian – Die Stadt der tausend Planeten*, in der die multikulturelle Metropole des Universums der Zukunft durch Terroristen bedroht wird. Oder: *The Square*, der Gewinnerfilm der Goldenen Palme in Cannes 2017. Hier erzählt der schwedische Regisseur Ruben Östlund sehr intelligent von den Schwierigkeiten eines Museumskurators, die Absichten seines neuen Ausstellungsprojekts, das für die Utopie einer solidarischen Gesellschaft plädiert, mit den Anforderungen seines eigenen Lebens in Einklang zu bringen. Östlunds Film reflektiert die allgemeine Verunsicherung vieler Menschen, öffnet aber auch den Blick für ein humaneres Zusammenleben, ohne diese – durchaus realisierbare – Utopie in seinem Film zu negieren.

Literatur:
Baacke, D.: *Medienpädagogik*. Tübingen 1997
Kluge, A.: *Bestandsaufnahme: Utopie Film*. Frankfurt am Main 1983

Dr. Werner C. Barg ist Autor, Produzent und Dramaturg. Außerdem ist er Regisseur von Kurz- und Dokumentarfilmen. An der Martin-Luther-Universität Halle-Wittenberg (MLU) vertritt er in der Abteilung für Medien- und Kommunikationswissenschaft des Instituts für Musik, Medien- und Sprachwissenschaften die Professur „Audiovisuelle Medien".

Jedes Firmenjubiläum ist Anlass für ein Fest, doch außer der eigenen Belegschaft interessiert sich normalerweise kaum jemand für runde Geburtstage dieser Art. Bei der 1917 gegründeten UFA ist das anders. Der Name des Produktionsunternehmens ist nicht nur eine der bekanntesten Marken des Filmgeschäfts; anhand der Konzernhistorie lässt sich auch die wechselvolle Geschichte der deutschen Unterhaltungsindustrie nachvollziehen.

Deutsche (Film-) Geschichte

Tilmann P. Gangloff

Ähnlich wie die Mode ist die Unterhaltung ein flüchtiges Geschäft: weil morgen schon ein alter Hut ist, was gestern noch angesagt war. Deshalb zeichnen sich große Modemacher und erfolgreiche Unterhaltungsproduzenten durch ein besonders feines Gespür für den Zeitgeist der Zukunft aus. Das gilt vor allem für Unternehmen aus der Film- und Fernsehbranche, denn von der ersten Idee über die Entwicklung bis hin zur Ausstrahlung beispielsweise eines aufwendig produzierten historischen Mehrteilers können bis zu zehn Jahre vergehen; in der Modeindustrie wäre das eine kleine Ewigkeit. Und noch etwas unterscheidet die beiden Branchen ganz erheblich: Film und Fernsehen eignen sich perfekt für Propaganda. Niemand wusste das besser als Joseph Goebbels; und deshalb ist die Historie der Universum-Film AG so eng mit der deutschen Geschichte verbunden.

Die Anfänge als Ufa

Die Geschichte des Konzerns begann am 18. Dezember 1917 unter dem Namen Universum-Film AG. Zweck der Gründung, die auf eine Veranlassung der Reichsregierung zurückging, war die Erhöhung des filmischen Qualitätsstandards und die Verbesserung des deutschen Images im Ausland. Im Jahr darauf übernahm die Deutsche Bank die Regierungsanteile; infolgedessen rückten kommerzielle Aspekte stärker in den Vordergrund. Als 1923 der renommierte Produzent Erich Pommer seine Firma Decla-Bioskop in die Ufa einbrachte, wurde auch das riesige Produktionsgelände Potsdam-Neubabelsberg Teil des Konsortiums.

Schon in ihrer Frühzeit hat die Ufa einige der größten Klassiker des deutschen Stumm- und Tonfilms produziert. Fritz Langs Meisterwerke *Dr. Mabuse, der Spieler* (1922) oder *Die Nibelungen* (1924) zählen noch heute zu den bedeutendsten Filmen überhaupt. Sein expressionistischer Monumentalfilm *Metropolis* hat 1927 dic für damalige Verhältnisse exorbitante Summe von fünf Mio. Reichsmark gekostet und brachte die Firma prompt an den Rand des Bankrotts. 1927 wurde sie von Alfred Hugenberg übernommen. Der Rüstungs- und Medienunternehmer kontrollierte weite Teile der deutschen Presse und gilt als wichtigster Wegbereiter des Nationalsozialismus. In seiner Ära entstand zwar mit *Der blaue Engel* (1930) der erste internationale Tonfilmerfolg der Ufa, aber 1933 war der antisemitische Medienzar auch einer der Ersten, die ihre jüdischen Angestellten entließen. Es begann ein künstlerischer Exodus, von dem sich der deutsche Film nach dem Zweiten Weltkrieg viele Jahre nicht wieder erholen sollte.

Nationalsozialistische Indoktrination

Weil Goebbels unmittelbaren Einfluss auf die Produktion haben wollte, ging die Ufa 1937 in Staatsbesitz über. Der Propagandaminister entwickelte die raffinierte Strategie der unmerklichen Indoktrination. Er ließ zwar auch unzweifelhafte Machwerke wie *Jud Süß* (1940) drehen, doch vor allem gab er den Zuschauern, was sie wollten, nämlich Unterhaltung, weshalb die Ufa in jenen Jahren vor allem Komödien und Revuefilme produzierte. Nach Beginn des Zweiten Weltkrieges wurde die Verbreitung guter Stimmung erst recht zum Leitprinzip. Sämtliche Produktionen enthielten zwar auch einen Propagandaanteil, aber zumeist gut versteckt, um das Publikum nicht zu verstimmen. Auch völlig unpolitische Unterhaltungswerke wie der enorm aufwendige und mit neuester Tricktechnik produzierte Abenteuerfilm *Münchhausen* (1943) erfüllten ihren Zweck: Das Spektakel mit Hans Albers stellte unter Beweis, dass der deutsche Film selbst mitten im Krieg noch zu Höchstleistungen fähig war. Die nach wie vor sehr beliebte Heinz-Rühmann-Komödie *Die Feuerzangenbowle* (1944) sollte ebenfalls die raue Wirklichkeit zumindest einen Kinoabend lang vergessen machen.

Rückkehr zu alter Größe

Nach dem Krieg wurde der Konzern zerschlagen, Babelsberg Teil der sowjetisch besetzten Zone. Die sowjetische Militäradministration gründete im Mai 1946 die Deutsche Filmaktiengesellschaft (DEFA). Erster Spielfilm war Wolfgang Staudtes beachtliches NS-Verarbeitungsdrama *Die Mörder sind unter uns* (1946) mit Hildegard Knef. Derweil wurde das restliche Reichsfilmvermögen in den westlichen Besatzungszonen treuhänderisch verwaltet. Erst 1956 wurden Bavaria und Ufa privatisiert. 1964 beginnt die Neuzeit: Bertelsmann erwirbt die Universum-Film AG. Später tritt der Medienkonzern zwar sowohl den Filmstock wie auch die Ufa-Kinokette ab, behält jedoch die Namensrechte und gründet die UFA Fernsehproduktion. Als 1984 die ersten kommerziellen Fernsehsender ihren Programmbetrieb starten, beteiligt sich Bertelsmann an RTL und gründet die UFA Film und Fernseh GmbH in Hamburg. Aber erst der Schwabe Wolf Bauer, ab 1991 Vorsitzender der Geschäftsführung, machte die in Potsdam-Babelsberg angesiedelte Firma wieder zum größten deutschen Produktionsunternehmen. Unter seiner Führung ist das beeindruckende Spektrum entstanden, das die UFA – jetzt in Großbuchstaben – lange Zeit von allen anderen deutschen Medienunternehmen unterschieden hat. Voraussetzung waren die individuellen Stärken der einzelnen Töchter. Für hochwertige TV-Produktionen wie etwa die Krimireihen *Donna Leon* (ARD), *Bella Block* und *Ein starkes Team* (beide ZDF) oder Serien wie *Edel & Starck* und *Danni Lowinski* (beide SAT.1) standen die Namen UFA Fernsehproduktion und Phoenix Film. Eher faktisch ausgerichtet war die UFA Entertainment mit ihren vor allem für die Privatsender entstandenen Formaten aus dem Bereich „Reality Entertainment" (*Zuhause im Glück*). Grundy UFA war der führende deutsche Anbieter für industriell gefertigte serielle Produktionen. Abgesehen von *Marienhof* (Bavaria) hat die Potsdamer Serienschmiede eine Weile sämtliche Dailys von *Gute Zeiten, schlechte Zeiten* (RTL, seit 1992) bis *Verbotene Liebe* (ARD, 1995 – 2015) produziert. Die Firma war auch Trendsetter bei den deutschen Telenovelas und hat mit *Verliebt in Berlin* (SAT.1, 2005 – 2007) die mit Abstand erfolgreichste Serie dieser Art im hiesigen Fernsehen hergestellt. Grundy Light Entertainment schließlich hat unter der Geschäftsführung von Ute Biernat die populärste deutsche Castingshow, *Deutschland sucht den Superstar* (RTL, seit 2002), hergestellt. Hinzu kommt eine breite Palette von Quiz- und Gameshows für alle Programme.

Bauers beste Idee aber war vermutlich die Zeugung einer Konzerntochter, als deren Vater stets Nico Hofmann genannt wird: Die 1998 gegründete Firma teamWorx dürfte hierzulande das Einzelunternehmen mit den meisten Filmpreisen sein. Produktionen wie *Unsere Mütter, unsere Väter* (ZDF 2013) und *Deutschland 83* (RTL 2015) erregten auch außerhalb Deutschlands Aufsehen, beide sind mit dem International Emmy Award ausgezeichnet worden. Das Programmgenre „Historischer Mehrteiler" gilt quasi als Hofmanns Erfindung. Mit Ausnahme des Kölner Unternehmens Zeitsprung Pictures (*Contergan*) gibt es keine andere Produktionsfirma, die sich derart konsequent auf die Erzählung zeitgeschichtlicher Stoffe konzentriert. Auf diese Weise ist Hofmann fast automatisch die Deutungshoheit über die deutsche Vergangenheit der letzten 80 Jahre zugefallen, was ihm nicht nur Anerkennung eingebracht hat.

Tilmann P. Gangloff
ist freiberuflicher
Medienfachjournalist.

„Die UFA war immer Trendsetter und Trendmotor!"

Kein anderes deutsches Produktionsunternehmen hat in den letzten 25 Jahren so rasch und umfassend neue Programmentwicklungen geprägt wie die UFA. Maßgeblich beteiligt am Erfolg der Firma ist Nico Hofmann, der dem Konzern seit 1998 angehört und seit dem 1. September 2017 alleiniger Geschäftsführer ist. Im Gespräch mit *tv diskurs* spricht der Produzent über das Erfolgsgeheimnis der UFA und erläutert, warum das klassische Fernsehen in Deutschland nicht durch die Streamingdienste verdrängt worden ist.

Wird es die UFA auch in hundert Jahren noch geben?

Ja, davon bin ich fest überzeugt. So lange es das Fernsehen gibt, wird es auch die UFA geben.

Wird das Fernsehen nicht gerade totgesagt?

Das hört man derzeit oft, aber es gibt keinerlei Anzeichen dafür. Die klassische Fernsehnutzung liegt in Deutschland sehr stabil bei knapp vier Stunden pro Tag. Die Abweichungen sind marginal und betragen seit zehn Jahren maximal vier Minuten. Natürlich ist dieser Wert vor allem auf die älteren Zuschauer zurückzuführen, aber die Jüngeren, die heute vor allem mit ihrem Smartphone oder ihrem Tablet schauen, werden ja auch irgendwann älter, und wenn das passiert, wenden sie sich verstärkt dem klassischen Fernsehen zu.

Haben die Sender keine Marktanteile an Streamingdienste verloren?

Nein. Was sich verändert hat und sich auch weiter verändern wird, ist die Tatsache, dass immer mehr Menschen die Mediatheken der öffentlich-rechtlichen Sender nutzen. Aber das kommt „on top" dazu. Alles, was online stattfindet, also die Nutzung von Diensten wie Amazon und Netflix oder der Mediatheken der TV-Sender, hat das klassische Fernsehen nicht verdrängt oder ersetzt, sondern ergänzt. Deutschland nimmt in dieser Hinsicht im internationalen Vergleich eine Sonderstellung ein, was für uns Produzenten eine ganz ausgezeichnete Nachricht ist, weil das automatisch zu mehr Programmbedarf führt.

Warum gibt es diesen Verdrängungswettbewerb auf dem deutschen Markt nicht?

Die Streamingdienste haben den Markt um ein völlig neues Angebot bereichert. Amerikanische Serien wie *Game of Thrones*, *Breaking Bad* oder *House of Cards* sind auf eine Weise erzählt, die es bislang bei uns nicht gab. Diese Produktionen sind „edgy", also gerade im Vergleich zum deutschen Mainstreamfernsehen auf sehr radikale Weise kantig und unbequem. Deshalb haben sie auch zur Primetime nicht funktioniert, während sie bei den Streamingdiensten weltweit erfolgreich waren. Wir haben eine ganz ähnliche Erfahrung mit *Deutschland 83* machen müssen; im Nachhinein hat sich herausgestellt, dass die RTL-Serie auf einer Streamingplattform besser aufgehoben gewesen wäre. Der deutsche Markt ist groß genug für beide Formen des Fernsehens, und wir sind in der glücklichen Lage, alle Bedürfnisse bedienen zu können. UFA Serial Drama steht für Daily Drama wie *Gute Zeiten, schlechte Zeiten*, UFA Show & Factual produziert Shows wie *Deutschland sucht den Superstar*, aus der UFA Fiction kommen anspruchsvolle Produktionen wie *Charité* fürs lineare Fernsehen und die Fortsetzung von *Deutschland 83* für den Streamingbereich. Der Markt erlebt eine Erweiterung, die vor allem Menschen anspricht, die bislang bevorzugt ins Kino gegangen sind. Wenn man also überhaupt von einem Verdrängungswettbewerb sprechen kann, dann ist das Kino davon deutlich stärker betroffen als das klassische Fernsehen.

Ist die UFA auch deshalb so erfolgreich, weil sie schneller als andere Produktionsfirmen auf neue Entwicklungen reagiert hat?

Das ist sicher eine unserer Stärken. Das Unternehmen hat neue Produktbereiche in den letzten 30 Jahren immer sehr rasch erkannt und erobert. Wir waren bei vielen neuen Programmformen die Ersten auf dem deutschen Markt. Unter der Leitung von Wolf Bauer sind z. B. sehr erfolgreich das erste Daily Drama und die erste Telenovela für den deutschen Markt hergestellt worden. Mit den von mir produzierten historischen Event-Mehrteilern wie *Der Tunnel*, *Dresden*, *Die Flucht* oder *Unsere Mütter, unsere Väter* haben wir das „Kino fürs Fernsehen" erfunden, jedenfalls in dieser Größenordnung und mit diesem Aufwand. Die UFA war immer Trendsetter und Trendmotor.

Es gibt ja noch weitere große deutsche Unternehmen. Was unterscheidet die UFA von den anderen Firmen?

Solche Unterschiede haben immer mit Menschen zu tun. Unser Team hat ein gutes Gespür für den Zeitgeist und ein Näschen für aufkommende weltweite Programmtrends. Bestes Beispiel ist die derzeitige Internationalisierung des Medienmarktes. Nehmen wir *Deutschland 86*, die Fortsetzung zu *Deutschland 83*: Das ist ein gewaltiger Deal mit Amazon in zigfacher Millionenhöhe, der erst durch die Zustimmung von RTL ermöglicht wurde. Die Serie wird zu einem bestimmten Zeitpunkt im nächsten Jahr weltweit verfügbar sein; das ist schon etwas Besonderes für eine deutsche Firma.

Bei internationalen Produktionen wurde deutsches Geld immer gern genommen, aber Mitspracherechte gab es kaum. Das hat sich demnach geändert?

Teilweise ist es mittlerweile sogar fast andersrum. Für unsere geplante Hitler-Serie z. B. haben wir einen amerikanischen Abnehmer, aber uns fehlt noch ein deutscher Co-Produktionspartner. Aus den USA bekommen wir z. T. ganz erhebliche Beträge von so gut wie allen Plattformen, also nicht nur von Amazon und Netflix. Aber um bei dem Beispiel Amazon und der Fortsetzung von *Deutschland 83* zu bleiben: Hier haben wir völlige kreative Freiheit.

Seit dem 1. September sind Sie alleiniger Geschäftsführer der UFA. Welche neuen Aufgaben kommen auf Sie zu?

Die größte Herausforderung wird in der Detailarbeit liegen. Dort verbirgt sich der Teufel, wie man weiß, aber genau darin sehe ich auch den großen Reiz meiner neuen Verantwortung. Ich lerne z. B., wie viel Energie nötig ist, um eine gute Show auf die Beine zu stellen. Davon abgesehen muss ich mit unserer Mannschaft vor allem Antworten suchen, etwa auf die Frage, wohin sich das Event-Fernsehen entwickelt. Wie lange interessieren sich die Menschen noch für historische Stoffe? Welche Erzählformen aus dem Plattformfernsehen lassen sich ins lineare Fernsehen transferieren? Grundsätzlich gilt es, schon heute zu erahnen, wohin sich die großen Trends des Geschichtenerzählens in den nächsten Jahren entwickeln werden. Ich bin sicher, dass dies ein ganz wesentlicher Bestandteil unseres Schaffens bleiben wird.

Kein Name wird so sehr mit aufwendigen Filmen über historische Stoffe verbunden wie Ihrer. Werden Sie in Zukunft überhaupt noch Zeit fürs Produktionsgeschäft haben?

Ich habe in den letzten 20 Jahren ein erstklassiges produzentisches Team aufgebaut. Durch die langjährige Zusammenarbeit ist eine intensive gegenseitige Vertrauensbasis entstanden, das macht es mir leichter, loszulassen und Verantwortung abzugeben. Ich werde demnächst 58, und es ist längst eine Generation nachgewachsen, die mittlerweile selbst über 40 ist; es wäre Nonsens, wenn ich denen erzählen würde, wie ich ihre Arbeit vor zehn Jahren gemacht hätte. Das bedeutet aber nicht, dass ich mich komplett aus diesem Bereich zurückziehe. Bei Projekten, die mir besonders am Herzen liegen, aktuell z. B. *Ku'damm 59*, die Fortsetzung zum ZDF-Mehrteiler *Ku'damm 56*, behalte ich mir vor, Muster und Rohschnitte zu sichten. Und bei den internationalen Projekten bin ich schon allein deshalb involviert, weil sie für das Unternehmen Neuland sind. Die englischsprachigen Produktionen stellen auch für mich eine ganz neue Erfahrung dar, in dieser Größenordnung habe ich noch nie gearbeitet.

Sie haben nie einen Hehl daraus gemacht, dass Ihnen die Event-Projekte auch aus ganz persönlichen Gründen wichtig waren. Ist dieses Kapitel Ihres Lebenswerkes mit* Unsere Mütter, unsere Väter *beendet?

In gewisser Weise ja. Ich habe mich in den letzten 17 Jahren intensiv mit der deutschen Geschichte befasst, das bezog sich ja nicht nur auf das Dritte Reich, den Zweiten Weltkrieg und die unmittelbaren Folgen, sondern auch auf die DDR. Ich würde nicht sagen, dass dieser Teil meiner Arbeit abgeschlossen ist, aber ich empfinde eine tiefe Befriedigung, dass ich über einen derart langen Zeitraum so viel Aufmerksamkeit für diese Themen gewinnen konnte. Ich habe das nie als selbstverständlich betrachtet, möchte aber auch betonen, dass diese vielen Projekte das Ergebnis eines echten Teamworks waren.

Das Interview führte Tilmann P. Gangloff.

Nico Hofmann (57) galt als einer der wichtigsten deutschen Regisseure und wurde für Filme wie *Land der Väter, Land der Söhne* (1988, Bayerischer Filmpreis) oder *Der Sandmann* (1995, Grimme-Preis) mehrfach ausgezeichnet. 1998 gründete er gemeinsam mit Ariane Krampe und Wolf Bauer unter dem Dach der UFA die Produktionsfirma teamWorx Television & Film GmbH. Die 2013 in der UFA Fiction aufgegangene Firma hat über 80 Produktionen für Fernsehen und Kino hergestellt. 2015 wurde Nico Hofmann neben Wolf Bauer zweiter Geschäftsführer der UFA, seit dem 1. September 2017 führt er die Geschäfte des Konzerns allein. Hofmann ist seit 1995 Professor für den Fachbereich „Szenischer Film" an der Filmakademie Baden-Württemberg. 2006 wurde er für seine Verdienste um den Fernsehfilm mit dem Hans Abich Preis geehrt, 2009 erhielt er die Verdienstmedaille des Landes Baden-Württemberg.

Die pädagogische Filmanalyse konzentriert sich vielfach auf Inhalte des Films oder die Reaktionen des Publikums. Nach den Hintergründen einer Produktion wird seltener gefragt. Production Studies werfen heute einen erweiterten Blick auch auf das Schaffensumfeld – hat damit der klassische „Auteur"-Ansatz ausgedient?

The Walking Dead?

Der „Auteur" ist gar nicht tot – aber sie sind viele

Stefan Piasecki

Wer macht den Film?

Filmtheorien, wie sie Kracauer, Metz, Bazin u. a. entwickelt haben, erklären, wie Filme ein Netz der Plausibilität weben und auf das Publikum einwirken. Dabei analysieren sie Struktur und Inhalt eines Films, das kreative Gewicht beispielsweise von Regie führenden Personen oder die Effekte auf das Publikum.

Im Wesentlichen auf André Bazin und François Truffaut geht das Konzept des „Auteurs" als derjenigen Kraft zurück, die das kreative Zentrum im filmischen Schaffensprozess verkörpere. In den Literaturwissenschaften hingegen erklärte Roland Barthes bereits 1967 den Autor für tot (siehe Barthes 2000). Die Wiederbelebungsversuche erwiesen sich indes als erfolgreich: Colin Martindale hielt fest, dass der „state of mind a creator is in when a work is written determines in large part what its content will be" (vgl. Martindale 1999, S. 189); ebenso berücksichtigen weiterentwickelte Ansätze heute auch den sozioökonomischen Status sehr bekannter Autoren („starauteurism", Philips 2007) oder die sozialen Prozesse während der Produktion („collaborative auteurs", Tregde 2013). Watson zählt zu den „Autoren" eines Films neben Regisseuren oder Autoren noch weitere wie Kameraleute, Beleuchter, Schnitttechniker, Schauspieler und eben auch Produktionsfirmen (Watson 2012, S. 154). Ein Film besteht jedoch nicht allein aus Kunst und Narration, deren Urheberschaft oder Qualität zu diskutieren wäre. Kategorien wie Macht und Wille von „Autoren" können aus einer Reihe von Gründen nicht außer Acht gelassen werden; sie finden jedoch außerhalb spezialisierter Diskurse eher wenig Berücksichtigung.

Wille und Macht als Produktionsfaktoren

Wenn es um historisch bedeutsame Filme oder Propagandaproduktionen der frühen Sowjetunion (*Panzerkreuzer Potemkin*, Sergei Eisenstein, 1925) oder des Dritten Reiches geht (*Hitlerjunge Quex*, Hans Steinhoff, 1933), berücksichtigen Soziologen, Sozialwissenschaftler und Historiker selbstverständlich die politischen, wirtschaftlichen und gesellschaftlichen Entstehungsumstände sowie die Positionen von Beteiligten und bewerten die Einflüsse von außen, die auf diese eingewirkt haben: Wer hat aus welchen Quellen Geld gegeben und warum? Welche Bedeutung haben politische und gesellschaftliche Faktoren als Impulsgeber? Welche Einflüsse, die sich aus finanziellen, politischen, religiösen oder anderen Bedingungen ergaben, spielten eine Rolle?

John Thornton Caldwells Blick auf die „Production Culture" (2008) trug zum erweiterten Verständnis dieser Produktionsumstände bei, indem er sich mit Rolle, Einfluss und der Intention von Beteiligten an einem Werk befasste, wie Paul Malcolm mit dem Hinweis auf das Gewicht von VFX-Artists zu Wort kommen lässt, die einerseits immer bessere Effekte liefern sollen („demanding bigger and better rabbits to be pulled out of the digital hat" – in: Mayer/Blanks/Caldwell 2009, S. 219), gleichzeitig durch ihre Designs aber auch großen Einfluss auf die Produktion selbst haben und die Relevanz menschlicher Darsteller minimieren, wie Vonderau am Beispiel des enttäuschten Andy Serkis (*Rise of the Planet of the Apes*, *The Lord of the Rings*, *King Kong*) erläutert (Vonderau 2013, S. 4). Andererseits sind die Production Studies mit ihren ökonomischen wie auch kulturkritischen Ansätzen sehr breit orientiert, während die praktische Film- und Medienarbeit sich bemühen muss, auch nach *denjenigen* im Film zu fragen, die nicht auftauchen, nicht implizit durch den Film sprechen können; wo verbleiben die gesellschaftlich unterrepräsentierten Gruppen oder die missliebigen Themen und Konflikte (Staiger 2003, S. 29)? Niemand würde *Hitlerjunge Quex* lediglich als zeitgenössische oder zeitgeistige Jugendunterhaltung verstehen, aber *Fack ju Göhte* (Bora Dagtekin, 2013)? Steht bei *Der bewegte Mann* (Sönke Wortmann/Ralf König, 1994) wirklich nur die Unterhaltung im Vordergrund oder nicht ebenso der Kampf gegen homophobe Einstellungen in der Gesellschaft?

Individuelle Autoren (Regisseure und Drehbuchschreiber) sind von institutionellen Autoren (Studios oder Geldgeber), getrennt zu betrachten, doch sie tragen als Gestalter der Produktionssphäre zu dem Gesamtergebnis bei und alle verfolgen jeweils ihre Agenda. Angesichts der modernen Produktionsrealitäten hilft es so nur eingeschränkt, sich auf einen oder wenige „Autoren" zu konzentrieren. Viel eher erscheint es notwendig, „Produktion" als Netzwerk zu verstehen; und erst die Sichtbarmachung und Analyse der „Knoten" ermöglicht tiefere Einblicke. Hier bieten sich dann auch medienpädagogische Anknüpfungspunkte.

„Autoren" als Netzwerkknoten

Das Medium „Film" (als Kombination von Text, Bild und Ton – auch beeinflusst von Marketing und Alltagskultur) ist grundsätzlich nichts anderes als ein Träger von Informationen – verschlüsselt vom Sender und entschlüsselt vom Empfänger.

Soziologische Methoden wie die Netzwerkanalyse und literaturwissenschaftliche Ansätze können darüber hinaus helfen, die Hintergründe einer Produktion zu erhellen.

„Auteur"-Ansätze befassen sich, ähnlich der literarischen Autorenanalyse, mit der kreativen Rolle und dem Einfluss von Regisseuren, deren Werk sowohl *zeigt* wie auch *erzählt* (Wake 2006, S. 20). Filme sind daher kreativer Ausdruck individueller Künstler, analog zu der Weise, wie die Autoren eines Romans, Briefes, einer Oper oder eines Gedichts betrachtet werden (Watson 2012, S. 143). Zu berücksichtigen ist jedoch, worauf Watson verweist, dass viele Texte zwar von Einzelautoren stammen, Filme aber das Werk von Dutzenden, wenn nicht Hunderten von Personen sind. Zu fragen ist daher mit Watson nach derjenigen Kraft, die die „kreative Kontrolle" besitzt (ebd.), und wie man diese für die Medienanalyse nutzbar macht, denn es müssten ja möglichst viele Absichten beteiligter Personen untersucht werden. Kapazitätsmächtige Speichermedien wie die Blu-Ray bieten Zugriff auf Offkommentare und Interviews, die mit weiteren Informationen aus dem Internet ergänzt werden können. Wortmeldungen von Beteiligten können zeigen, ob das Ergebnis überhaupt mit den Zielen der „Autoren" konform geht (ebd., S. 146).

Tyson warnt jedoch vor Analysefehlern: „Text" und Intention müssten nicht deckungsgleich sein, ein künstlerisches Werk könne die ursprüngliche Intention sogar übersteigen („intentional fallacy", Tyson 2006, S. 136). Auch können die Reaktionen von Nutzern von eigenen persönlichen Faktoren, Erlebnissen, Einstellungen, Erinnerungen etc. überlagert sein und die Analyse stark beeinflussen („affective fallacy") – schon Barthes hielt den Autoren bekanntlich für stark überschätzt. Was Leser von Hamlets Mutter halten, mag mehr mit ihrem eigenen Verhältnis zu ihrer Mutter zu tun haben als mit der fiktiven Figur (ebd., S. 137). Wichtig ist also das Lesen aller Hinweise, die ein Text (oder Film) bietet: Bilder, Symbole, Erzählrhythmus, Blickwinkel etc. (ebd.) wie auch Entstehungskontexte. Ebenfalls bedeutend: Die *Rezeptions*umstände verändern sich, der Film konserviert aber die *Entstehungs*umstände, deren retrograde Entschlüsselung neben Medien- jedoch auch historische oder soziologische Kompetenz erfordert.

Praxis

Schulz hat journalistische Arbeit als „Weltbildapparat" (Schulz 1997, S. 236) bezeichnet; für den Film gilt das Gleiche. Absichten von Autoren und Produzenten lassen sich mit Zusatzmaterialien eines Films analysieren und mit anderen Quellen (Zeitschriften, Internet) abgleichen. Da kein Element einer teuren Produktion unbeabsichtigt in das Werk integriert wurde, können sämtliche Materialien als Artikulation des spezifischen kreativen Willens der Erschaffer betrachtet werden; dies schließt übergangene und vielleicht unterdrückte alternative Meinungen anderer Beteiligter mit ein und gilt nach Watson ebenso für Zufall und Glück, denn auch sie beeinflussen Stil und Erzählweise des Films und seiner Innenansichten (Watson 2012, S. 146). Auch hier jedoch lauern Fallstricke: Einerseits mögen wesentliche Einflüsse auf den Film von Menschen ausgeübt werden, denen solche nicht zugestanden werden (Stahl nennt Storyboarder, die ganz wesentlich mit ihren Zeichnungen Kameraeinstellungen, Charakterentwicklung und sogar Dialoge prägten, gleichzeitig aber lediglich als „drawing machines" behandelt würden – Stahl 2009, S. 62); andererseits sind die sich für eine Hintergrundanalyse anbietenden Bonusmaterialien (Interviews, Making-ofs, Features etc.) keineswegs neutral. Caldwell kritisiert die Filmindustrie als Überwachungssystem, welches zur Selbstdisziplinierung führe. Aufgrund des wirtschaftlichen Drucks, in den seltensten Fällen fest angestellt zu sein und sich daher immer neu vermarkten zu müssen, dürften authentische und kritische Anmerkungen kaum offen getätigt werden (Caldwell 2013, S. 39 f.). Lotz empfiehlt hier Zeitschriften des Fachhandels und der Industrie, in denen eher „Klartext" gesprochen würde (Lotz 2009, S. 34) (siehe Abb. 1).

Praktische oder pädagogische Medienarbeit kann also von Hintergrundanalysen profitieren. Um Inhalte und inhärente Andeutungen eines Films sichtbar zu machen, kann er in Schichten zerlegt werden; hierdurch lassen sich Elemente des Films mit denen der Realität abgleichen. In der „Filmrealität" wird die Geschichte erzählt durch Storyline, Bilder und Handlungen. Verstanden wird sie vor dem Hintergrund realweltlicher Gesamtwelterfahrung. Aus dem Abgleich beider Realitäten entsteht für das Publikum die Glaubwürdigkeit oder Brisanz eines Films.

My Brother the Devil (Sally El Hosaini, 2012) beispielsweise ist ein Sozialdrama vor dem Hintergrund der gegenwärtigen englischen Einwanderungsgesellschaft und ihrer fehlenden ökonomischen Perspektiven. Der Film erzählt die Geschichte zweier aus Ägypten stammender Brüder, von denen einer homosexuelle Neigungen entwickelt, auf die der andere mit Abwendung reagiert; für die Öffentlichkeit strickt er die Legende, dass sein Bruder ein Terrorist geworden sei.

Der Film bezieht sich auf reale Themen und bietet eine Summe an Inhalten, die auf das Alltagsverständnis des Publikums treffen, d. h. auf das, was allgemein über soziale oder ökonomische Umstände bekannt ist oder auch nur vermutet wird.

SPHÄRE der INTENTIONEN	**FILM als INHALTE-CONTAINER**	**SPHÄRE der ERWARTUNGEN**
Regisseure, Studios, Kreativpersonal, Schauspieler etc. **Finanzielle Interessen** **Kulturelle/religiöse Interessen** **Politische Interessen** **Individuelle Überzeugungen etc.**	**Charaktere, Beziehungen, soziometrische Verbindungen, Erkenntnis- und Entscheidungspunkte innerhalb der Handlung** **Inhaltsthemen z. B.:** • Präsentationsoberfläche • Gesellsch. Kontexte • Religiöse/kulturelle Kontexte • Soziale oder wirtschaftliche Kontexte	**Rezeptionsmotivation** **Marketing, inhaltliche Interessen** **Persönliche Betroffenheit, Neugierde** **Aufregung/Angstlust, Unterhaltung** **Voyeurismus etc.**
KREATIVE als KOMMUNIKATOREN	**FILM als Angebot von WELTDEUTUNG**	**PUBLIKUM als EMPFÄNGER**

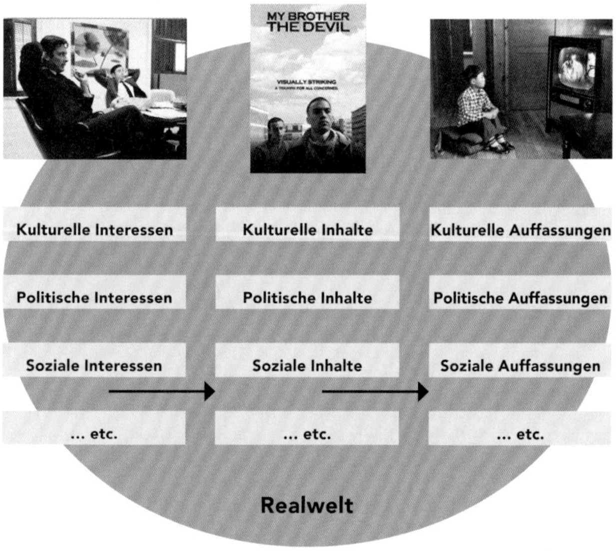

Abb. 1: Der Film vermittelt als Kommunikationsmedium zwischen seinen Entstehungsumständen und der Erwartungs-/Erfahrungssphäre der Rezipienten
(Grafik: nach Piasecki)

Die zu analysierenden Inhalte ließen sich nun auf unterschiedlichen Ebenen sozial, ethnisch oder nach Milieu differenziert bewerten: Im angeführten Beispiel etwa durch Diskussionen der wirtschaftlichen oder religiös/weltanschaulichen oder der sozialen Ebene.

Welche Inhalte und Themenfelder werden konkret durch den Film benannt, welche Fragen aufgeworfen? Welche Stereotype und Sujets sind vorhanden? Geben diese bereits einen Hinweis auf mögliche Intentionen von Autoren oder Autorenkollektiven? Wie lassen sich die Inhalte auf jeder der Ebenen und im Gesamtkontext bewerten?

Eine weitere Analysemöglichkeit ergibt sich in der soziometrischen Erfassung der handelnden Figuren. Wer steht mit wem in Beziehung? Wer ist von wichtigen Handlungen ausgeschlossen? Welche Begründung für das Agieren von Charakteren wird angegeben? Welche Ethnie oder soziale Gruppe handelt, welches Geschlecht? In der Beziehungsanalyse wird hier deutlich, dass ausgerechnet die 12-jährige Aisha ausgleichend auf viele Konflikte der vordergründig handlungsmächtigen Charaktere wirkt. Gibt es realweltliche Entsprechungen des Beobachteten?

Die anhand definierter Ebenen bzw. Kategorien aufzufindenden Inhalte (die Perspektiv- und Arbeitslosigkeit von Rashid, die Homosexualität von Sayyid etc.) treffen als Gesamterzählung auf die Erwartungen eines heterogenen Publikums und sorgen dort unter Umständen für (soziales) Interesse, (religiös begründete) Irritation oder auch Affirmation des Gezeigten.

Unterhalb der reinen oberflächlichen Erzählebene des Films finden demnach auf verschiedenen Ebenen Verständigungs- und Aushandlungsprozesse zwischen Autoren/Sendern wie auch Zuschauenden/Empfängern statt. Die Inhalte, die in diese Arenen der Aushandlung geschickt werden, verweisen indes zurück auf die „Erschafferseite" und damit in diesem Fall zur Autorin und Regisseurin Sally El Hosaini. Sie stammt wie die Protagonisten aus Ägypten und wohnte lange in dem Londoner Stadtteil Hackney, in dem der Film spielt. Medienpädagogisch bieten sich hier u. a. autobiografische Rückfragen an.

Fazit

Barthes irrte: Der Autor ist nicht tot, er oder sie war es nie. Doch er behielt recht in seiner Annahme, dass es der *Erschaffer* viele seien und sich erst aus ihrem „schwarmintelligenten" Zusammenwirken Inhalte in den öffentlichen Raum ergössen. Natürlich gibt es, mit Watson gesprochen, keine „ideale" Interpretation der Absichten eines Autors oder eines Autorenkollektivs (Watson 2012, S. 153). Andererseits soll die Verantwortung Einzelner auch nicht durch Verweis auf eine ominöse „Industrie" als Summe rhizomatischer Netzwerke verwässert werden (Caldwell 2013, S. 40). Jeder Film atmet den Geist der „Schaffensumstände": Filme werden für eine bessere Welt eingesetzt, für den Frieden, gegen Umweltzerstörung, um Ungerechtigkeit anzuprangern oder auch um Mehrheiten zu generieren. Zur Analyse wirkmächtiger Einflüsse auf die Inhalte bedarf es einer strukturierten und kategorisierten Sammlung von Beweisen aus dem Inhalt und den Hintergründen einer Produktion.

Literatur:

Barthes, R.: *Der Tod des Autors.* In: F. Jannidis/G. Lauer/M. Martinez/S. Winko (Hrsg.): Texte zur Theorie der Autorschaft. Stuttgart 2000, S. 185–193

Caldwell, J. T.: *Production Culture. Industrial Reflexivity and Critical Practice in Film and Television.* Durham/NC 2008

Caldwell, J. T.: *„Both Sides of the Fence": Blurred Distinctions in Scholarship and Production (a Portfolio of Interviews).* In: V. Mayer/M. J. Banks/J. T. Caldwell (Hrsg.): Production Studies. Cultural Studies of Media Industries. New York 2009

Caldwell, J. T.: *Zehn Thesen zur Produktionsforschung.* In: montage AV, 1/2013/22, S. 33–47

Lotz, A. D.: *Industry-Level Studies and the Contributions of Gitlin's Inside Prime Time.* In: V. Mayer/M. J. Banks/J. T. Caldwell (Hrsg.): Production Studies. Cultural Studies of Media Industries. New York 2009, S. 25–38

Martindale, C.: *What Can Texts Tell Us About Authors and What Can Authors Tell Us About Texts?* In: F. Jannidis (Hrsg.): Rückkehr des Autors. Tübingen 1999, S. 185–193

Mayer, V./Banks, M. J./Caldwell, J. T. (Hrsg.): *Production Studies. Cultural Studies of Media Industries.* New York 2009

Philips, P.: *Genre, star and auteur critical approaches applied to Martin Scorsese's New York, New York.* In: J. Nelmes (Hrsg.): Introduction to Film Studies. London 2007[4]

Schulz, W.: *Politische Kommunikation.* Opladen 1997

Stahl, M.: Privilege and Distinction in Production Worlds: *Copyright, Collective Bargaining, and Working Conditions in Media Making.* In: V. Mayer/M. J. Banks/J. T. Caldwell (Hrsg.): Production Studies. Cultural Studies of Media Industries. New York 2009, S. 54–68

Staiger, J.: *Authorship Approaches.* In: D. A. Gerstner/J. Staiger (Hrsg.): Authorship and Film. London 2003, S. 27–60

Tregde, D.: *A Case Study on Film Authorship: Exploring the Theoretical and Practical Sides in Film Production.* In: The Elon Journal of Undergraduate Research in Communications, 2/2013/4

Tyson, L.: *Critical Theory Today. A user-friendly Guide.* New York 2006[2]

Vonderau, P.: *Editorial.* In: montage AV, 1/2013/22, S. 4–8

Wake, P.: *Narrative and narratology.* In: S. Walpas/Ders. (Hrsg.): The Routledge Companion to Critical Theory. New York 2006, S. 14–27

Watson, P.: *Cinematic authorship and the film auteur.* In: J. Nelmes (Hrsg.): Introduction to Film Studies. New York 2012[5], S. 142–165

Dr. Stefan Piasecki ist Professor für Soziale Arbeit an der CVJM-Hochschule in Kassel und lehrt dort auch im Bereich „Medienpädagogik". Er ist Prüfer bei der Freiwilligen Selbstkontrolle Fernsehen (FSF) und der Freiwilligen Selbstkontrolle der Filmwirtschaft (FSK).

Benedikt Hommann

Animes haben seit den 1990er-Jahren verstärkt Einzug in Kinder- und Jugendwelten gehalten. In Europa und speziell in Deutschland existiert mittlerweile ein breiter Markt mit einer treuen Fangemeinde. Die japanischen Zeichentrickwerke hatten es jedoch nicht leicht: Ihnen wurde immer wieder mit Skepsis und Zensur begegnet. Der Beitrag zeichnet die Entwicklung im deutschen Fernsehen bis heute nach und fragt, welche Herausforderungen der Anime für den Jugendschutz bereithält.

Mehr als nur Kulleraugen

Animes im deutschen Fernsehen: die Fans, die Sender und der Jugendschutz

Der Anime erobert die Welt

Der Weg des Animes nach Deutschland und in andere westliche Länder war zunächst ein beschwerlicher. Bis Anfang der 1990er-Jahre fanden die japanischen Zeichentrickwerke über spezielle Cineasten-Kreise oder Nippon-Fans hinaus keine große Verbreitung (vgl. Scherer 2015). Als erster Anime, der im Westen von einem größeren Publikum wahrgenommen wurde, gilt der Science-Fiction-Film *Akira* (1988) des Regisseurs Katsuhiro Ôtomo, wenngleich der Begriff[1] nachfolgend oft mit Dystopie und Gewalt verknüpft wurde.

Der erste Versuch, deutschen Zuschauern das Thema „Anime" näherzubringen, lag da bereits einige Jahre zurück: Die Animeserie *Speed Racer* (1967) lief 1971 für nur drei Episoden in der ARD, bis sie aufgrund von Elternprotesten wieder aus dem Programm genommen wurde (vgl. Vollbrecht 2008). Solche Anlaufschwierigkeiten waren nicht nur auf Deutschland beschränkt, auch in anderen Ländern hatten die Werke aus Japan mit Hindernissen und Abwehrreaktionen zu kämpfen. *Astro Boy* (1963) von Osamu Tezuka wird gemeinhin als Meilenstein in der Entwicklung des Animes angesehen. Die Geschichte eines kleinen Jungen, der nach seinem Tod als Roboter gute Taten vollbringt, erreichte 1963 die USA. Im Gegensatz zu anderen Zeichentrickwerken verfügt *Astro Boy* über eine ungewohnt düstere Grundstimmung. Sechs Episoden mussten für den US-Markt gestrichen oder verändert werden. Landesspezifische Anpassungen auf der Dialogebene sind seitdem keine Seltenheit (vgl. Clements/McCarthy 2015).

In Deutschland ging die Einführung des Animes einen interessanten Zwischenschritt: Zeichentrickserien wie *Heidi* (1974) oder *Wickie und die starken Männer* (1974), die seit den 1970er-Jahren das Publikum begeistern, sind formal gesehen Animewerke. Allerdings entschieden sich die Programmverantwortlichen der öffentlich-rechtlichen Sendeanstalten und des ORF dazu, die Serien nur in Kooperation mit den Japanern zu produzieren: Deutsche bzw. europäische Geschichten, gepaart mit japanischem Zeichentrick-Knowhow. Damit sollte verhindert werden, dass sich die Geschichten in eine Richtung entwickeln, die zu Protesten von Eltern hätten führen können. Den japanischen Verantwortlichen war dies recht, suchten sie doch verstärkt den Erfolg auf weiteren Märkten außerhalb des eigenen Landes.

Der Animeboom in Deutschland und in weiteren westlichen Ländern ist insbesondere mit zwei Titeln verbunden: *Sailor Moon* (1992) und *Pokémon* (1997). *Sailor Moon* handelt von einer Teenagerin, die sich mithilfe eines magischen Steins in

Rechte Seite: *Detektiv Conan* (1996)

die titelgebende Heldin verwandelt und gemeinsam mit ihren Freunden das Böse bekämpft. Zunächst gestartet im ZDF, wechselte die Serie 1997 zu RTL II und wurde rasch erfolgreich. *Sailor Moon* hatte weltweit einen großen Anteil an der Etablierung der sogenannten „Magical-Girl"-Animes, die sich in Geschichten und Machart vor allem an Mädchen und junge Frauen richten (vgl. Denison 2015). Der Siegeszug von *Pokémon* wiederum ist nicht allein auf die TV-Serie zurückzuführen, sondern basiert auf einem ganzen Produktverbund wie Games und Trading Cards. Publisher Nintendo konnte 2016 mit dem Handheld-Spiel *Pokémon Go* an den Erfolg anknüpfen: Nun ist es Spielern auf der ganzen Welt möglich, die titelgebenden Monster mit dem eigenen Smartphone zu fangen.

Japan ist es so erfolgreich gelungen, Animes als Teil eines zusammenhängenden Produktuniversums in andere Länder zu exportieren. Dies geschieht sogar mit Förderung staatlicher japanischer Stellen: Unter dem Slogan „Cool Japan" sollen Animes und Mangas als grundlegende Bestandteile der Kulturmacht Japans weltweit in Erscheinung treten (vgl. Scherer 2015).

Der etwas andere Zeichentrick

Wer schon einmal einen Anime gesehen hat, weiß, dass sich die japanischen Werke von den europäischen bzw. US-amerikanischen Zeichentrickproduktionen in zahlreichen Punkten unterscheiden (vgl. Mikos/Töpper 2011). Große Kulleraugen[2], extravagante Frisuren oder knappe Outfits[3] sind bekannte Stilmittel, die sich in vielen, gleichwohl aber nicht in allen Animes finden lassen. Noch entscheidender ist die inhaltlich-dramaturgische Divergenz. Während die japanische Animeindustrie nach Ende des Zweiten Weltkrieges in großem Maße von den Werken Disneys oder Hanna-Barberas (u. a. *Fred Feuerstein*, 1960) beeinflusst wurde, bildete sich rasch eine eigene Herangehensweise in Storytelling und Charakterzeichnung heraus.

Suchsland (2010) verweist auf die Wirkung vieler Animes als „Gegenentwurf zur Niedlichkeit und konservativen Moral vieler Disney-Filme" (S. 4). Für Vollbrecht (2008) sind Mangas und Animes zwar oft in fantastischen Welten angesiedelt, spiegeln jedoch typische Themen der Kinder- und Jugendwelten wider, was zu nachhaltiger Identifikation einlade (S. 35). In den letzten Jahren sind es insbesondere die künstlerisch anspruchsvollen Werke des Studios Ghibli (u. a. *Prinzessin Mononoke*, 1997, und *Chihiros Reise ins Zauberland*, 2001), die einer grundlegenden Analyse unterzogen wurden (u. a. Okuyama 2015).

Animes enthalten typischerweise Hinweise auf die japanische Kultur und Gesellschaft. Dazu zählen das Leben in übervölkerten Metropolen, Leistungsdruck sowie Umweltprobleme, aber auch Traditionen und Religionen zwischen Shintoismus, Buddhismus und altem Volksglauben. Der Erfolg japanischer Werke im Westen, so Okuyama, sei aber nicht ausschließlich auf fernöstliche Mythen zurückzuführen (ebd., S. 30). Auch ohne derartige Kenntnisse verstehen die meisten westlichen Zuschauer die Geschichten und Themen vieler Animes.

Animes im deutschen Fernsehen – zwischen Anspruch und Wirklichkeit

Der Anime etablierte sich in Deutschland Ende der 1990er-Jahre zusehends in Haushalten via Home Video, im Fernsehen sowie im Kino. Dolle-Weinkauff (2008) betont, dass insbesondere die Nachmittagsprogrammierung zahlreicher japanischer Serien auf RTL II, später auch Tele 5, MTV und VIVA, einen immensen Einfluss auf eine ganze Generation junger Menschen hatte (S. 215). Animes lösten einen Trend aus und waren zentrales Gesprächsthema auf vielen Schulhöfen. Während das Internet um die Jahrtausendwende noch in den Kinderschuhen steckte, verfügte der Sender RTL II über ein großes Portfolio an exklusiven Animeserien: *Dragon Ball* (1986), *Sailor Moon*, *Detektiv Conan* (1996), *One Piece* (1997) und *Naruto* (2002) hießen einige der beliebten Titel. Eltern und Medien warfen RTL II in dieser Zeit wiederholt Verantwortungslosigkeit gegenüber jungen Zuschauern in der Darstellung gewalthaltiger Animes vor (vgl. Mertens 2012). *Detektiv Conan*, eine Serie, in der eine kindliche Spürnase Verbrechen aufklärt, zeigte wiederholt Leichenbilder, während *Dragon Ball* mit seinen Kämpfen Schläge und Tritte in Endlosfolge präsentierte. RTL II reagierte und schnitt einen Großteil der Nachmittagsanimes, entfernte Blut oder verkürzte potenziell verängstigende Szenen[4]. Die Kritik bezog sich aber nicht nur auf die gezeigte Gewalt, sondern auch auf eine befürchtete Kommerzialisierung der kindlichen Lebenswelten durch Programme wie *Pokémon* und deren großflächiges Merchandising.

Über die Jahre pendelte der Sender zwischen der für ein Privatunternehmen unabdingbaren Wirtschaftlichkeit und einer nachhaltigen Orientierung an den Vorlieben der jungen Animefans. Mertens (ebd.) konstatiert, dass RTL II selbst für einen Loslösungsprozess der Fans von den gezeigten Serien sorgte (S. 109). Neben dem zunehmenden Einfluss des Internets mit seinen Communities und den (teils illegalen) Strea-

Rechte Seite: *One Piece* (1997)

mingangeboten sieht die Autorin den Grund auch im Unmut der Fans über geschnittene oder anderweitig veränderte Fassungen ihrer Lieblingsanimes.

Seit einigen Jahren zeigt nun der Free-TV-Sender ProSieben MAXX alte wie neue Animeserien im Nachmittags- und Spätabendprogramm. *Naruto*, *One Piece* und Co. sind damit weiterhin ein Programmformat des klassischen Fernsehens.

Animes und Jugendschutz

Da Animewerke im Kino und auf DVD/Blu-Ray bzw. im Fernsehen veröffentlicht werden, unterliegen sie der Kontrolle durch die Freiwillige Selbstkontrolle der Filmwirtschaft (FSK), der Freiwilligen Selbstkontrolle Fernsehen (FSF) sowie den Jugendschutzredaktionen der Sender. Neben Geschichten, die in ihrer Drastik oder sexuell aufgeladenen Bildsprache erst für höhere Altersgruppen freigegeben werden bzw. im Spätabendprogramm laufen, sind insbesondere die im Tagesprogramm platzierten Animes aus Jugendschutzsicht interessant.

Serien wie *Dragon Ball*, *One Piece* und *Naruto Shippuden*, die eine hohe Staffel- und Folgenanzahl aufweisen und sich weltweit erfolgreich verkaufen, sind mit ihren jugendlichen Figuren, dem teils kindlichen Humor und der fantastisch-actionreichen Machart prädestiniert für junge Zielgruppen. Da sich die Sender bei Formaten im Tagesprogramm stets am Wohl jüngerer Zuschauer orientieren müssen, sichtet die Jugendschutzredaktion einen Großteil der Animeserien auf ProSieben MAXX. In besonders schwierigen Fällen werden Folgen den Prüfern der FSF vorgelegt.

Auf den ersten Blick ist der Großteil der genannten Animes, auch und besonders solche, die sich an ein eher jüngeres Publikum richten, stark auf Kämpfe und Konflikte als Mittel der Spannung ausgerichtet. Gewalt und ihre Folgen wie Blut, Wunden und Schreie sind wiederkehrende Elemente. So folgen wir in *One Piece* den Abenteuern des jungen Piraten Monkey D. Ruffy und seiner Strohhutbande, die sich in Kämpfen auf Leben und Tod mit immer stärker werdenden Konkurrenten duellieren – ein dramaturgisches Mittel, das in *Dragon Ball* und seinen diversen Ablegern im Kampf Gut gegen Böse auf die Spitze getrieben wird. Von diesen beiden eher geradlinig erzählten Animes hebt sich die Ninjaserie *Naruto Shippuden* noch einmal ab. Zwar dominieren hier ebenso Kämpfe zwischen unterschiedlichen Charakteren, die Serie weist allerdings zwei Besonderheiten auf: den Tod von tragenden Figuren und die nicht immer klare Einteilung in Gut und Böse. Nach Vollbrecht (2008) ist die Abkehr von eindeutigen Gut-Böse-Schemata für Animes charakteristisch (S. 26).

Von Freundschaft, Trauer und Tod

Die jugendschützerische Bewertung von Animeprogrammen knüpft zuallererst daran an, ob und wie unter 12-Jährige Zeichentrick von Realität unterscheiden können. Diese Entwicklung beginnt in der Vorschulzeit und kann am Umgang mit Zeichentrickformaten nach und nach erlernt werden. Serien wie *One Piece* und *Dragon Ball* geben beispielsweise mit ihren übertriebenen Kampfszenen, in denen Charaktere durch Raum und Zeit fliegen oder miteinander fusionieren, schon kleineren Kindern erste deutliche Hinweise auf einen fehlenden Realismus.

Die Abbildung von Wunden und die Thematisierung von Leid stehen seither im Mittelpunkt einer Bewertung durch den Jugendschutz, da hier die Angst gegenüber Verletzungsfolgen, die Jüngere für gewöhnlich noch nicht kennen, vorweggenommen wird. Es ist immer zu fragen, wie sehr solche Darstellungen abstrahiert sind, doch gerade bei menschenähnlich gezeichneten Figuren, die darüber hinaus zu einer Identifikation einladen, ist eine nachhaltige Wirkung anzunehmen. Die Serie *Dragon Ball* zeigt recht deutlich die Folgen von Schlägen und Tritten. Sind alienartige oder androide Figuren beteiligt, kann angenommen werden, dass Kinder ein geringeres Involvement zeigen. Wird hingegen wie in einer Episode eine junge, menschliche Kämpferin unter den Augen ihrer Freunde brutal verprügelt, kann es zu einer Überforderung jüngerer Zuschauer kommen. Die betreffende Episode wurde deshalb nur unter Schnitten für das Tagesprogramm freigegeben.

Genauer zu betrachten ist die Darstellung von Figuren und Situationen, die Kinder auf sich und ihr unmittelbares Lebensumfeld beziehen können. So gibt es beispielsweise bei *Naruto Shippuden* sechs zusammenhängende Episoden, in denen kindliche Sympathieträger, ohne mit den üblichen Superkräften ausgestattet zu sein, den Tod ihrer Angehörigen und die Zerstörung ihres Dorfes miterleben. Die Überlegung des Senders und das FSF-Ergebnis waren eindeutig: Einige der Folgen sind nicht im Tagesprogramm zu platzieren, weil eine nachhaltige Verängstigung zu befürchten ist: Kindliche Verlustängste werden angesprochen und die zunächst ausweglose Lage der Protagonisten wirkt nach.

Auch wenn Animes, wie oben beschrieben, nicht immer eine eindeutige Einteilung in Gut und Böse aufweisen, trifft dies auf Formate wie *One Piece* und *Dragon Ball* weniger zu. Es ist davon auszugehen, dass bereits jüngere Zuschauer freundliche Helden und unsympathisch gestaltete Gegner auseinanderhalten können. Die Guten setzen Gewalt fast ausschließlich zur Verteidigung Unschuldiger und aus Notwehr ein, während die Aggressivität in erster Linie von den Bösewichten ausgeht. *Naruto* und die Fortsetzung *Naruto Shippuden* sind in diesem Punkt komplexer, da die Motive der vermeintlichen Antagonisten oft ausführlicher dargestellt werden und mitunter Sympathie erzeugen können.

Darüber hinaus ist es bei der Bewertung von Animes wichtig zu bedenken, dass Charaktere selten individualistischen Motiven folgen. Eine Gruppenzugehörigkeit und das Auftreten im Verbund sind umso wichtiger (vgl. Yamanaka 2008)[5]. Eigenschaften wie Freundschaft, Respekt und Vertrauen werden in *Dragon Ball* und Co. immer wieder positiv hervorgehoben. Jüngeren Zuschauern kann dies helfen, schwierige Einzelszenen oder Situationen zu verarbeiten, indem ihnen gezeigt wird, dass Figuren auf Freunde und Mentoren bauen können. So gilt es z. B. im Verlauf von *Naruto Shippuden*, den schmerzhaften Tod einer Nebenfigur zu verkraften, wofür einer der Hauptcharaktere verantwortlich zeichnet. Die Szene des Todes ist in etlichen Episoden, oftmals in Flashbacks und kurzen Albträumen, zu sehen. Dieses Ereignis löst beim Zuschauer jedoch weniger Angst, sondern vielmehr Trauer aus. Sowohl die Zuschauer als auch die Protagonisten im Anime lernen im Laufe der folgenden Episoden, das traumatische Erlebnis zu verkraften.

Fazit

Animes sind für einen Teil der hiesigen Mediennutzer sicherlich immer noch ein unbekanntes Feld. Ein Grund mag sein, dass sich Animes vielfach vom übrigen Kinderprogramm abheben, sofern man sie überhaupt dem Kinderfernsehen zurechnen möchte. Dennoch lohnt sich der Blick auf diese kulturspezifischen Werke aus Japan. Animes sind stilprägend und unterliegen anderen, häufig komplexeren Anforderungen in Dramaturgie und Gestaltung. Darüber hinaus haben sie sich längst zu einem wirtschaftlich erfolgreichen Produkt entwickelt und es gelingt ihnen, Menschen auf der ganzen Welt zu begeistern.

Waren Animes in der Vergangenheit oftmals in der bloßen Darstellung von Gewalt zensiert, erscheint es heutzutage wichtiger, den Kontext der Geschichten und die Motive und Entwicklungen der Figuren in die jugendschützerische Bewertung miteinzubeziehen. Bei der Einschätzung gewaltbefürwortender oder verängstigender Szenen und Episoden erfolgt so eine Abwägung mit entlastenden Elementen wie Humor, integren Heldenfiguren und positiven Wertvorstellungen. Ziel ist eine sachgerechte Argumentation aus jugendschützerischer Sicht – stets mit dem Fokus auf den Schutz der jüngeren Zuschauer.

Anmerkungen:

1 Der Anime bildet kein eigenes festes Genre, sondern ist eher als Sammelbegriff für unterschiedliche Genres zu verstehen. Zur Herausforderung einer Einordnung siehe u. a. Denison 2015

2 Takahashi (2008) betont, dass große Augen in Manga und Anime als „Spiegel der inneren Emotionen" die Gefühlswelt der Figuren besser reflektieren sollen (S. 122 ff.). Sie sind vor allem bei den für Mädchen konzipierten Shōjo-Mangas und -Animes (u. a. *Sailor Moon*) anzutreffen.

3 Idealistisch proportionierte, jung aussehende Frauenfiguren lassen sich insbesondere in den bei männlichen Jugendlichen beliebten Etchi-Animes finden. Die sogenannten Hen-tai-Animes sind deutlich pornografischer Natur. Denison (2015) verweist darauf, dass Hen-tai im Heimatmarkt nur ein Genre von vielen ist und eher der Verbreitung außerhalb Japans, vor allem in den USA, unterliegt (S. 67).

4 Es sei angemerkt, dass auch Verleiher Animes für den deutschen bzw. internationalen Markt bearbeiten, wie z. B. bei *Naruto* und *Naruto Shippuden* (2007), siehe Schnittberichte.com (2017).

5 Yamanaka (2008) sieht im japanischen Gemeinschaftsgedanken, der z. B. Ausdruck einer lebenslangen Zugehörigkeit zu einem Unternehmen sein kann, eine konkrete Abgrenzung vom westlich dominierten Individualismus (S. 254). Im Zuge der Wirtschaftskrise der 1990er-Jahre sowie der Globalisierung verändert sich aber auch das Bewusstsein der japanischen Gesellschaft.

Literatur:

Clements, J./McCarthy, H.: *The Anime Encyclopedia: A Century of Japanese Animation.* Berkeley 2015[3]
Denison, R.: *Anime. A Critical Introduction.* London 2015
Dolle-Weinkauff, B.: *Fandom, Fanart, Fanzine. Reception in Germany.* In: M.-C. Menzel (Hrsg.): Ganetchu! The Manga Anime Syndrome. Frankfurt am Main 2008, S. 214–223
Mertens, E.: *Mehr als ‚nur' Manga und Anime: Geschichte, Verlage, Künstler und Fernsehsender*, Band 2. Hamburg 2012
Mikos, L./Töpper, C.: *Internationales Kinderfernsehen. Japanische Animes.* In: tv diskurs, Ausgabe 56, 2/2011, S. 10–15
Okuyama, Y.: *Japanese Mythology in Film. A Semiotic Approach to Reading Japanese Film and Anime.* London 2015
Scherer, E.: *Japanische Populärkultur ohne Grenzen?* In: M. Mae/Dies. (Hrsg.): Japan-Pop without Borders? Transkulturalität und Subkulturen in der japanischen Populärkultur. Düsseldorf 2015, S. 9–17
Schnittberichte.com (Hrsg.): *Naruto Shippuden, Ep. 6.117: Das nördliche Versteck.* 28.06.2017. Abrufbar unter: http://www.schnittberichte.com/schnittbericht.php?ID=654722 (letzter Zugriff: 07.09.2017)
Suchsland, R.: *Eisenstein mit Kulleraugen.* In: Telepolis, 04.04.2010. Abrufbar unter: https://www.heise.de/tp/features/Eisenstein-mit-Kulleraugen-3384991.html (letzter Zugriff: 22.08.2017)
Takahashi, M.: *Opening the Closed World of Shōjo Manga.* In: M. W. MacWilliams (Hrsg.): Japanese Visual Culture. Explorations in the World of Manga and Anime. New York 2008, S. 114–136
Vollbrecht, R.: *Anime. A Japanese Phenomenon.* In: M.-C. Menzel (Hrsg.): Ganetchu! The Manga Anime Syndrome. Frankfurt am Main 2008, S. 24–35
Yamanaka, H.: *The Utopian ‚Power of Live': The Significance of the Miyazaki Phenomenon.* In: M. W. MacWilliams (Hrsg.): Japanese Visual Culture. Explorations in the World of Manga and Anime. New York 2008, S. 237–255

Benedikt Hommann
ist studierter Medienpädagoge und arbeitet als Jugendschutzredakteur bei ProSiebenSat.1 TV Deutschland.

Dagmar Hoffmann/Friedrich Krotz/ Wolfgang Reißmann (Hrsg.): *Mediatisierung und Mediensozialisation. Prozesse – Räume – Praktiken.* Wiesbaden 2017: Springer VS. 324 Seiten, 49,99 Euro

Mediatisierung und Mediensozialisation

In der Folge des oft kolportierten, in den konkreten Zugängen aber keineswegs vollständig vollzogenen Perspektivwechsels kommunikations- und medienwissenschaftlicher Forschung weg von der Frage: „Was machen die Medien mit den Menschen?" hin zu: „Was machen die Menschen mit den Medien?" haben sich zwei grundlegende Forschungsperspektiven etabliert, die der hier rezensierte Sammelband ins Zentrum rückt. Zum einen geht es um die Perspektive von Mediensozialisation, die im deutschsprachigen Raum von Bonfadelli (1981) eingeführt und von Süss (2004) mit Bezug zur neueren Sozialisationstheorie auf ein zeitgemäßes Level gehoben wurde. Mit ihrer Fokussierung auf das Handeln der Akteure und die vielschichtigen Prozesse des Medienumgangs ist diese Perspektive auch ein zentraler Hintergrund für die in den letzten Jahren viel beachtete Medienaneignungsforschung. Zum anderen geht es um das in den 1990er-Jahren entwickelte Konzept der Mediatisierung, mit dem die vom Medienumgang bedingten Veränderungen im Alltag der Menschen und der Wandel von Kultur und Gesellschaft empirisch untersucht und theoretisch-konzeptionell gefasst werden. Hier hat sich im Anschluss an den Ansatz von Friedrich Krotz (2001) im deutschsprachigen Raum eine sehr agile Forschung zur Mediatisierung des kommunikativen Handelns der Menschen etabliert.
In der komprimierten, sehr gut lesbaren Einleitung führen die Herausgeber nicht nur gelungen in beide Forschungsperspektiven ein. Sie formulieren auch als besonderes Anliegen, die Gemeinsamkeiten und geteilten Herausforderungen von Mediatisierungs- und Mediensozialisationsforschung herauszustellen. Ihr Dreh- und Angelpunkt ist, dass beide Perspektiven mit der „Standardlogik der Medienwirkungsforschung brechen" (S. 8), da es ihnen nicht um die kausal-nomologische Prüfung von Wirkung (oder Nichtwirkung) einzelner medialer Angebote und Stimuli geht, sondern um die Erforschung der zunehmend mediatisierten, alltäglichen sozialen Praxis des Interagierens und Kommunizierens der Menschen – und zwar „einerseits situativ und kontextspezifisch, andererseits im Hinblick auf die sich übersituativ etablierenden und konventionalisierenden Regeln" (S. 9). Wie grundlegend sich die Dinge mit digitalen Medien gewandelt haben, zeigt bereits der Beitrag, der den ersten Teil des Sammelbandes zu den konzeptionellen Grundlagen mit analytischem Blick auf die zentralen Veränderungsprozesse eröffnet. Mediensozialisation wird aus der Perspektive des Mediatisierungsansatzes betrachtet, bevor sich die anderen Beiträge – eher an ein akademisches Fachpublikum adressiert – der theoretisch-konzeptionellen (In-)Konsistenz der Mediatisierungsforschung, den Kontrasten und Schnittmengen von Mediatisierung und Mediensozialisation sowie den begrifflich-diskursiven Verhandlungen in Fachzeitschriften widmen.
Die Teile zwei bis vier des Sammelbandes vereinen spezifische Zugänge der Mediatisierungs- und Mediensozialisationsforschung, wobei – nicht immer ganz trennscharf – idealtypisch in die prozessuale, räumliche und symbolisch-interaktionistische Dimension differenziert wird. Die meisten der hier versammelten Beiträge sind konkrete Forschungsprojekte zum (veränderten) Medienumgang der Menschen, die dem Anliegen des Bandes entsprechend allerdings weniger auf die z. T. bereits veröffentlichten Nutzungsdaten oder erzielten Befunde zur Genese und Bedeutung des Medienumgangs rekurrieren, sondern ihre Projekte eher als Teil einer zeitgemäßen Mediatisierungs- und Mediensozialisationsforschung vorstellen. Bekannte Studien wie die des Forschungsverbundes EU Kids Online spielen dabei ebenso eine Rolle wie ein neu konzipiertes Forschungsfeld zur Visualisierung von Kindheit und Familie im Social Web. Für die Erforschung der Komplexität und Vielfalt von Mediatisierung und Mediensozialisation fruchtbar sind auch die noch mehr theoretisch-konzeptionell ausgerichteten Beiträge, etwa zur praxeologischen (Medien-)Sozialisationsforschung, „in deren Mittelpunkt die Frage nach dem praktischen Sinn des (Medien-)Handelns von Individuen steht" (S. 103) oder zur theoretischen Neujustierung des auf Bronfenbrenner (1974) und Baacke (1980) zurückgehenden Ansatzes der sozialökologischen Mediensozialisationsforschung.
Auch wenn im Sammelband nicht alle renommierten Vortragenden der vorausgegangenen Tagung zu Wort kommen – in der Zusammenschau lesen sich die insgesamt 15 Beiträge als ein theoretisch fundierter und methodisch zukunftsweisender Gegenpol zur klassischen Medienwirkungsforschung und werden so dem eingangs aufgemachten Anspruch gerecht. Studierende der Kommunikations- und Medienwissenschaften, aber auch all diejenigen, die an einer differenzierten Analyse unserer zunehmend mediatisierten Welt interessiert sind, sollten den Band in ihren Lehrbuchsammlungen finden und zu einer ihrer Grundlagen für die wissenschaftliche Auseinandersetzung mit komplexen Mediatisierungs- und Mediensozialisationsprozessen machen.

Dr. Daniel Hajok

Matthias Hofer:
Presence und Involvement.
Baden-Baden 2016: Nomos.
123 Seiten, 19,90 Euro

Presence und Involvement

Matthias Hofer widmet sich dem Phänomen, wie wir als Zuschauer und User von Medien das Gefühl entwickeln, in der Medienwelt selbst präsent zu sein. Denn ungeachtet dessen, ob wir uns in ein Buch vertiefen, einen packenden Film sehen oder uns mittels einer aufwendigen VR-Technologie in eine virtuelle Welt begeben – ohne den Eindruck, Teil der Geschichte oder der Umgebung zu sein, wäre das Medienerleben weit weniger attraktiv und unterhaltend. Allerdings existiert eine Vielzahl an unterschiedlichen, teils konkurrierenden Ansätzen zu diesen beiden miteinander verbundenen Medienwirkungsphänomenen. Hofer leistet mit seinem Beitrag eine Systematisierung und historische Kontextualisierung der Ansätze sowie eine Einführung in die jeweiligen Theorien. Der übersichtlich gestaltete Band, der sich vornehmlich an Studierende der Kommunikations- und Medienwissenschaften richtet, legt zunächst die Grundzüge der Presence- und Involvement-Ansätze dar, skizziert deren Entstehungsgeschichte in der ingenieurwissenschaftlichen Forschungstradition und der Sozialpsychologie, fasst bisherige empirische Befunde zusammen und weist auch auf angrenzende Konzepte hin. In informativen Textboxen werden zudem zentrale Begrifflichkeiten erklärt, Anekdoten zur Veranschaulichung herangezogen und Fallbeispiele, Verfahren und Schlüsselstudien aufgezeigt.
Presence und Involvement, so lässt sich zunächst stipulieren, sind laut Autor zwei aufeinander aufbauende Prozesse, die sich im wahrnehmungspsychologischen Bereich abspielen und von medialen sowie von persönlichkeitsbezogenen Merkmalen abhängig sind (z. B. S. 44). Zwar folgen nicht alle vorgestellten Ansätze dieser „Zwei-Prozess-Logik" (S. 95), doch ein Zusammenhang zwischen den beiden Prozessen ist in vielen vorgestellten Modellen enthalten. Als beispielhaft für diese Tradition von Präsenzerleben lässt sich das MEC-Modell heranziehen, das von einer Forschergruppe am Institut für Journalistik und Kommunikationsforschung der Hochschule für Musik, Theater und Medien Hannover entwickelt und nach ihr benannt wurde: Normalerweise dient die realweltliche Welt als primärer Referenzrahmen für Individuen („Primary Egocentric Reference Frame", S. 37). Im Medienrezeptionsprozess, so die Annahme, erkennen die Mediennutzer neben dem realweltlichen Referenzrahmen auch den medialen Referenzrahmen. Indem die Medienwelt in einem zweiten Schritt temporär als primärer Referenzrahmen gewertet wird, erfolgt das Einlassen in die mediale Welt (z. B. in einen Kinofilm oder ein Computerspiel). Dies erfordert jedoch eine Reihe von kognitiven Bemühungen, wie etwa das bewusste Ausblenden von Inkonsistenzen innerhalb der medialen Welt. Aus der Literaturwissenschaft ist dieses Phänomen bereits seit Langem als „willing suspension of disbelief" – also die willentliche Unterdrückung von Unglauben – bekannt. Damit lässt sich erklären, dass beispielsweise Logikbrüche und andere Inkonsistenzen in Erzählungen der Rezeption keinen Abbruch tun.
Neben der Erläuterung der Konzepte selbst findet auch die Darstellung von Forschungslogik und von empirischen Befunden Platz: Welche Verfahren eignen sich überhaupt, um komplexe wahrnehmungsbasierte Prozesse empirisch zu erfassen? Welche qualitativen und quantitativen Verfahren haben in den unterschiedlichen Presence- und Involvement-Ansätzen Anwendung gefunden und mit welchem Resultat? Ein genauerer Blick auf das bei Nowak und Biocca (2003) angewandte Verfahren zur Messung von Co-Präsenz zeigt beispielsweise, dass hier gar nicht nach der erforderten Co-Präsenz gefragt, sondern vielmehr die Qualität der Interaktionen bewertet wurde (z. B. „Mein Interaktionspartner strahlte Kälte und nicht Wärme aus", S. 57). Der Blick in die konkrete Forschungspraxis ist ohne Zweifel ein großer Pluspunkt in diesem Band, schließlich ermöglicht er es der Hauptzielgruppe des Buches, theoretische Überlegungen und Resultate qualifiziert zu bewerten und Impulse für eigene Forschungsvorhaben zu gewinnen.
Der vorliegende Band gibt so über die Wissensvermittlung hinaus auch Instrumente an die Hand, die es ermöglichen, die bestehende Forschung und Methoden kritisch zu evaluieren. Durch die Einbeziehung einer historischen Perspektive wird auch verdeutlicht, wie Nachbardisziplinen zur Entwicklung des Konzepts beigetragen haben. Allerdings vermittelt sich der Eindruck, bei Presence und Involvement sowie den dazugehörigen Immersions- und Interaktionsprozessen handle es sich um weitgehend konsensuelle Konzepte in den Medien- und Kommunikationswissenschaften. Die intensive Beschäftigung mit Immersionsansätzen insbesondere in den Filmwissenschaften, die nur am Rande erfolgt, zeigt jedoch, dass die hier vorgestellten Ansätze lediglich eine mögliche Traditionsrichtung behandeln. Innerhalb der kommunikationswissenschaftlich orientierten Forschungsdisziplin liefert der Band dennoch eine durchaus nützliche Einführung und Übersicht in den aktuellen Stand der Forschung und gibt dabei auch durchaus kritische Instrumente an die Hand.

Prof. Dr. Susanne Eichner

Anne Grüne:
Formatierte Weltkultur? Zur Theorie und Praxis globalen Unterhaltungsfernsehens. Bielefeld 2016: transcript. 480 Seiten, 49,99 Euro

Formatierte Weltkultur?

Diesem Band liegt eine interessante These zugrunde: Unterhaltung sei nur auf den ersten Blick global. Obwohl die „formatierte Weltkultur" kulturelle Anschlussfähigkeit erzeuge, verharre die Weltgesellschaft in lokalen Selbstgesprächen. Das vorliegende Buch ist die Dissertation der Autorin. Sie bewegt sich mit dieser Studie im Fahrwasser ihres Mentors Kai Hafez (Uni Erfurt), der 2005 mit seinem Buch *Mythos Globalisierung. Warum die Medien nicht grenzenlos sind* bereits ähnliche Beobachtungen publizierte. Anne Grüne untersucht dies nun exemplarisch anhand der deutschen und ägyptischen Ableger der international verbreiteten TV-Formate *Who Wants to Be a Millionaire?* und *Got Talent*. Ihr Ziel ist es, Aufschlüsse über regionale Muster dieses globalen Transfers zu erhalten. Eingebettet ist dies in eine fundierte theoretische und historische Darlegung zur Entwicklung der Fernsehformate weltweit. Im Sinne der Cultural Studies versteht sie Unterhaltung als „sinngebende und gesellschaftsrelevante Alltagskultur" (S. 46). Daher analysiert Grüne die Realitätsdimensionen dieser Quiz- und Castingformate. Durch die Integration lokaler Akteure in globalen Formaten wird in den Shows „Alltagsrealität der betreffenden Referenzsysteme" repräsentiert.
Wir haben es hier also mit einem transnationalen Vergleich gleicher Formate in unterschiedlichen Referenzräumen zu tun, nämlich in der westlichen sowie in der arabischen Welt. Das macht die Sache spannend und lesenswert. Da die Autorin selbst einige Zeit in Ägypten lebte, kann sie einen sehr direkten Zugang zum Forschungsfeld vorweisen. Ähnlich wie in Deutschland sind auch dort diese Shows von Kulturindustrien gefüttert und ein wichtiger Faktor des öffentlichen Lebens. Grüne analysiert Unterschiede und Ähnlichkeiten in den Inszenierungsstrategien, um globale und lokale Zeichen und Bedeutungen herauszuarbeiten. Bemerkenswert ist die Tatsache, dass auch in der ägyptischen Variante von *Wer wird Millionär?* immer wieder deutliche Bezüge zur europäischen Kultur hergestellt werden. So erfragte man neben klassischen Bildungsfakten (Vorname Freuds oder Komponisten) u. a.auch die Herkunft des Films *Good Bye, Lenin!*
Andererseits gibt es in der arabischen Version eine hohe Anzahl islambezogener Fragen, womit zweifellos eine stärkere Tradierungsfunktion kulturellen und religiösen Wissens verbunden ist. Die Studie veranschaulicht sehr detailliert anhand von Sequenzprotokollen und inhaltsanalytischen Auswertungen, wie die Shows in Deutschland und Ägypten funktionieren. Grünes Rekonstruktionen und Interpretationen spüren der Frage nach, welche Bedeutung diese kulturellen Begegnungen in der Verpackung medialer Unterhaltung haben. Die Autorin konstatiert beispielsweise, dass „die Kandidaten in der arabischen Version vorwiegend in ihrer medialen Funktionsrolle als Mitspieler eines Spiels in Erscheinung treten" (S. 245), wohingegen sich in der deutschen Version die Kandidaten stärker als Privatperson inszenieren. Auf der Repräsentationsebene bedeutet dies u. a., dass *Wer wird Millionär?* in Deutschland eher eine Glücksspielinszenierung darstellt, während es in Ägypten mehr eine Bildungsorientierung aufweist.
Auch bei den Talentshows (*Arabs Got Talent* und *Das Supertalent*) kann Grüne überraschende Beobachtungen herausarbeiten. So sei die deutsche Version eher ein „postmodernes Varieté mit Anti-Talenten", die ägyptische Fassung hingegen ein „moderner künstlerischer Talent-Wettbewerb" (S. 299). Hier wird auch eine unterschiedliche Anschlusskommunikation sichtbar. „Während es den Anschein hat, dass das Genre einen Diskurs über die eigene Interpretation der Moderne in arabischen wissenschaftlichen Öffentlichkeiten auslöst, geht die deutsche Diskussion eher der Frage nach der Qualität der Unterhaltung und den negativen Folgewirkungen nach, die öffentliche Diskreditierung und Voyeurismus [...] erzielen können" (S. 301).
Diese Studie bringt hier Individualisierungstendenzen und Alltagsorientierungen zum Vorschein, die auch etwas über unsere medial gesellschaftliche Verfasstheit aussagen. Das bestätigt sich auch in den Gruppeninterviews zur Rezeption der Shows im deutschen und ägyptischen Kontext. Kurzum: Die auch in theoretischer Hinsicht sehr gut ausgearbeitete Studie bietet viele Erkenntnisflächen zu unterschiedlichen Bedeutungen scheinbar gleicher medialer Angebote. Es ist eine Fallstudie, die sich auch darum bemüht, jede theoretisch diskursive Interpretationskurve mitzunehmen. Auch wenn das Buch damit seinen akademischen Rahmen nie verlässt, mit einem wissenschaftlich geprägten Duktus sowie überbordender empirischer Masse aufwartet, ist es nicht nur für Kommunikationsforscher empfehlenswert, sondern auch für all jene, die über den Tellerrand blicken und sich mit internationaler TV-Geschichte befassen. Der globale Dialog bleibe Utopie, so die Autorin, da die Formatstandards immer auch eine Begrenzung von Kommunikation und Kultur begünstigen.

Dr. Uwe Breitenborn

Markus Schleich/Jonas Nesselhauf:
Fernsehserien. Geschichte, Theorie, Narration. Tübingen 2016: Francke/utb.
252 Seiten, 22,99 Euro

Fernsehserien

Die beiden Autoren haben in den vergangenen Jahren mehrere Bücher zu sogenannten Qualitätsserien herausgegeben. Nun legen sie mit *Fernsehserien. Geschichte, Theorie, Narration* ein grundlegendes Werk vor, das den Anspruch erhebt, in die Grundlagen der medienwissenschaftlichen Beschäftigung mit Fernsehserien einzuführen. Diesem einführenden Charakter ist nicht nur die ebenso klare wie kleinteilige Gliederung geschuldet, sondern ein Index mit Serientiteln und ein Glossar, in dem wichtige Begriffe erläutert sind, erleichtern die Arbeit mit dem Buch, das außerdem sehr leserfreundlich geschrieben ist.
Das Buch beginnt mit einem historischen Abriss, bei dem zunächst geklärt wird, was die Autoren unter Serien verstehen: „Eine Serie besteht aus mindestens zwei Teilen einer Erzählung, die inhaltlich aufeinander aufbauen und durch gemeinsame Themen oder Figuren eine progressive Fortsetzung der Geschichte (und damit auch der Narration) herstellen" (S. 13). Darüber hinaus fassen sie serielles Erzählen als eine anthropologische Grundkonstante auf, die bereits in mittelalterlichen Heldenepen angelegt war. Es werden fünf Formen der seriellen Narration unterschieden, die sich auf Fernsehserien beziehen (vgl. S. 120ff.). Dabei orientieren sich die Autoren am englischsprachigen Vokabular. Sie unterscheiden „series" und „serials". Während Erstere, die sie auch „Status-quo-Serien" nennen, am Ende der einzelnen Episoden immer wieder in den Ausgangszustand zurückkehren, entwickelt sich die Handlung bei Letzteren über eine ganze Staffel hinweg, manchmal gar über mehrere Staffeln. „Serials" haben ein Gedächtnis, da die Ereignisse aufeinander aufbauen. Aus diesen beiden Formen hat sich eine dritte, das sogenannte „Flexi-Drama" entwickelt, in dem progressive und stagnierende Elemente verbunden werden: „So gibt es in diesen Serien einen übergreifenden Plot mit sich weiter entwickelnden Figuren und Ereignissen, die auf der Handlungsebene nachhaltige Folgen haben (Tod oder Krankheiten von Figuren, Beziehungen etc.), während die einzelne Episode selbst um einen in der Regel abgeschlossenen Subplot kreist" (S. 132). Zu dieser Form gehören für die beiden Autoren *Dr. House*, *Grey's Anatomy* und *Castle*. Die vierte Form besteht „aus nur wenigen einzelnen Episoden" (S. 136), diese bezeichnen sie als „Miniserie und Mehrteiler" (ebd.). Die fünfte Form der seriellen Narration ist für sie die „Anthologie-Serie", bei der sich das Setting und die Charaktere von Staffel zu Staffel ändern können – *True Detective* und *American Horror Story* können hier als Beispiele genannt werden. So einleuchtend die Unterscheidung dieser Formen sein mag, sie wird auf der Basis unterschiedlicher Kriterien getroffen. Während die ersten drei Formen anhand verschiedener Narrationen unterschieden werden, wird die vierte lediglich über die geringe Anzahl an Episoden definiert und die fünfte über die Veränderungen von Staffel zu Staffel. Je nach Differenzierungslogik ließen sich noch Soap Opera bzw. tägliche Serie und Telenovela als weitere Formen nennen, die aber von den Autoren unter „serials" subsumiert werden.
Einige Kapitel sind recht kurz gehalten und werden dann durch Verkürzungen ungenau. Das trifft z. B. auf die Kapitel zu den Fernsehmärkten in Europa und den USA zu sowie auf das Kapitel zu Produktionsbedingungen und Autorschaft. Hier zeigt sich der enge literatur- und medienwissenschaftliche Blick der Autoren, die z. B. die wissenschaftlichen Arbeiten, die sich mit der Produktion von Fernsehserien befassen, nicht zur Kenntnis genommen haben. Der Schwerpunkt des Buches liegt daher auf den Aspekten der Narration, die ausführlich behandelt werden. So widmen die Autoren einzelne Kapitel den Elementen und Formen der seriellen Fortsetzung (Adaption, Spin-off, Remake und Reboot) sowie den Elementen der seriellen Narration. Ausführlich wird auch auf den seriellen Rahmen eingegangen. Den Abschluss des Buches bildet ein Kapitel zu den Formen der seriellen Rezeption, wobei zwischen linearer, nicht linearer und transmedialer Rezeption unterschieden wird.
Die Stärken des Buches liegen in den Kapiteln, die dem großen Abschnitt „Narration" zugeordnet sind. In den Kapiteln zur Geschichte von Fernsehserien und zur Theorie finden sich leider einige Verkürzungen und Ungereimtheiten. Die fernsehpraktische Seite, die teilweise auch eine ökonomische ist, kommt mehr oder weniger gar nicht vor. Viele Themen, die in diesem Buch verhandelt werden, sind bereits bekannt. Dennoch kann es zumindest als grundlegende Einführung in die Narration von Fernsehserien gesehen werden.
Kleine Notiz am Rande: Auf S. 78 merken die Autoren an, dass sich in der deutschsprachigen Forschung die Zeitschrift *tv diskurs* etabliert hat. Das nimmt die Redaktion gerne zur Kenntnis.

Prof. Dr. Lothar Mikos

Jürgen Lauffer/ Renate Röllecke (Hrsg.): *Krippe, Kita, Kinderzimmer. Medienpädagogik von Anfang an.* München 2016: kopaed. 179 Seiten, 16,00 Euro

Frühe Medienbildung

Mit dem Dieter Baacke Preis werden jedes Jahr medienpädagogische Projekte geehrt, die in der Handbuch-Reihe näher vorgestellt werden. Im Handbuch 11 ist das Schwerpunktthema „frühkindliche Bildung".
In 13 Fachartikeln wird eine umfassende Auseinandersetzung geboten, die sich gut liest und nach wie vor aktuell ist. Es geht um Bildungspläne von Kitas, um die Qualifizierung pädagogischer Fachkräfte, um Elternarbeit und konkrete Möglichkeiten der Medienbildung vor Ort. Zu entdecken sind Projektanregungen und Argumente für medienpädagogische Angebote, bei denen die Erfahrungen und Erlebnisse von Kindern im Mittelpunkt stehen. So stellen Sabine Eder und Susanne Roboom bewährte Materialien und Apps aus ihrer langjährigen Praxis vor. Mona Kheir El Din beschreibt die erfolgreiche Einbindung von Eltern aus verschiedenen kulturellen Kontexten. Torben Kohring konzentriert sich auf das Potenzial von digitalen Spielen. Ilka Goetz berichtet von einem Storytelling-Projekt, das auch der Sprachförderung dienlich ist.
Hans-Jürgen Palme stellt die „Tabletkarawane" vor, die in München von Kita zu Kita zieht. Bei Katja Friedrich geht es um Tablets im rheinland-pfälzischen Kitaalltag, genauer um das wissenschaftlich begleitete Pilotprojekt „KiTab.rlp".
Das Handbuch 11 gibt einen Überblick über „kreative und bildungsbezogene Möglichkeiten, wissenschaftliche Befunde und Betrachtungen und politische Verknüpfungen" (S. 12) und spricht damit eine breite Adressatengruppe an.

Susanne Bergmann

Stefanie Armbruster: *Watching Nostalgia. An Analysis of Nostalgic Television Fiction and its Reception.* Bielefeld 2016: transcript. 436 Seiten, 39,99 Euro

Watching Nostalgia

Was passiert, wenn wir uns eine billig produzierte Serie aus den 1980er-Jahren ansehen und plötzlich in eine melancholisch-wohlige Stimmung verfallen, uns zurückversetzt fühlen in das Wohnzimmer unserer Kindheit und längst vergangene Zeiten herbeisehnen? Wir sehen Nostalgie. Stefanie Armbruster nimmt sich dieses Phänomens an und untersucht in der qualitativen Studie, wie ausgewählte Fernsehserien eine nostalgische Rezeption „triggern" können. Neben einer Aufarbeitung von kulturhistorischen Ansätzen ist es insbesondere der Brückenschlag zu filmwissenschaftlichen Emotionsansätzen, der es ihr ermöglicht, die durchaus verschiedenen Schichten und Nuancen von Nostalgie und nostalgischer Rezeption herauszuarbeiten. Anhand der Serien *Knight Rider* und *The Avengers* und deren Reruns und Remakes sowie anhand der beiden zeitgenössischen Serien *Mad Men* und *Borgia* legt die Autorin in sorgfältiger Analyse dar, wie Narration, audiovisuelle Ästhetik, Set-Design und Charaktere nostalgische Dispositionen enthalten und so nostalgische Rezeption ermöglichen. Das funktioniert jedoch nicht immer und ist sowohl von der konkreten Textgestaltung als auch von dem kulturellen Repertoire der Zuschauer abhängig. Zusätzlich interessant wird die Studie durch das transnationale sowie crossgenerationelle Design, welches ältere und jüngere Zuschauer in Deutschland und Spanien berücksichtigt. Die Publikation bereichert Nostalgie-, Emotions- und Serienforschung gleichermaßen. Unbedingt empfehlenswert.

Prof. Dr. Susanne Eichner

Anja Rützel: *Trash-TV. 100 Seiten.* Stuttgart 2017: Reclam. 100 Seiten, 10,00 Euro

Trash-TV

Ein herrliches Buch! Anja Rützel wurde in den letzten Jahren zu einer Instanz der Fernsehkritik. Ihre Kolumnen und Beiträge sind virtuose sarkastische Beschreibungen des Unterhaltungsirrsinns im deutschen Fernsehen. Liebevoll und stets mit Hang zur Ironie arbeitet sich die Kulturwissenschaftlerin und Journalistin durch das Dickicht des sogenannten Trash-TV. Ob *Dschungelcamp* oder *Frauentausch*, Rützel gelingt im gewohnt schmissigen Stil ein sehr erhellender Exkurs durch die TV-Geschichte und Gegenwart, wobei sie auch internationale Trends ins Visier nimmt. Beispielreich beschreibt sie den Aufstieg verschiedener Formate von Selbstoptimierungsshows (*GNTM*) bis hin zur Scherbenreise (*Goodbye Deutschland!*) und bietet überraschende Kategorisierungen an. Bei allem Sarkasmus ist dies auch ein Plädoyer, die Formate durchaus ernst zu nehmen. Rützel erkundet, woher der Begriff „Trash-TV" stammt, beleuchtet Stereotype und Formate und reflektiert klug, welche kulturellen Muster ihnen zugrunde liegen und warum wir uns darauf einlassen sollten. Das oft belächelte Trash-TV wird in Anja Rützels Analyse zu einer telegenen Bestandsaufnahme unserer Gesellschaft, in der Sozialdarwinismus, karnevalistische Überhöhung und exzentrisches Posertum ihren festen Platz haben. Das Buch ist ganz klar eine Empfehlung für alle, die sich mit Fernsehen befassen – egal ob in sehender, evaluierender oder produzierender Weise. Zudem darf man sich hier erneut auf Perlen der Wortvirtuosin freuen. Außerordentlich lesenswert.

Dr. Uwe Breitenborn

Sabrina Eisele:
Entgrenzte Figuren des Bösen. Film- und tanzwissenschaftliche Analysen. Bielefeld 2016: transcript. 266 Seiten, 34,99 Euro

Figuren des Bösen

In den vergangenen Jahren sind neben den positiven Heldinnen und Helden auch Film- und Fernsehfiguren in den Blick geraten, die als böse Gegenspieler der Guten im Rahmen der Erzählung fungieren. Sabrina Eisele setzt sich in ihrer Dissertation mit diesen Figuren auseinander, die sie als entgrenzt kennzeichnet. Sie entwickelt ihre Darstellung der Faszination dieser Typen anhand von drei Filmbeispielen, die genauer analysiert werden: 1) Hannibal Lecter aus *Das Schweigen der Lämmer*, 2) der Joker aus *The Dark Knight* und 3) Yukio Murata aus *Cold Fish*. Dabei spielt für die Autorin der Begriff der ludischen Fiktionalität eine Rolle, in dem die Beteiligung der Zuschauer hervorgehoben wird. Schließlich wendet sie ihr Modell auf die Analyse einer Tanzperformance, *Angoloscuro*, an, um zu zeigen, wie es fruchtbringend auch bei anderen populären Künsten eingebracht werden kann.

Im Kontext ihrer Analyse ist zu beachten, dass es um fiktionale Figuren geht, die Teil einer Erzählung sind. Unter Rückgriff auf die Theorie der Filmfigur von Jens Eder stellt sie fest, dass die Figurenmotivation zentral ist – sowohl für die Entwicklung der Figur innerhalb der Narration als auch für die Bewertung der Figur durch die Zuschauer. Die bösen, entgrenzten Figuren weisen eine zentrale Besonderheit auf, die darin besteht, „dass die entgrenzten Figuren solche nachvollziehbaren und bewertbaren Motivationen nicht aufweisen, dass sie auch keine Hintergrundgeschichte haben, aus welcher sich Motivationen rekonstruieren lassen würden" (S. 25). Dabei geht es der Autorin nicht um die moralische Bewertung der Figuren, sondern um deren Inszenierung im Rahmen der Narration: „Neben der Tatsache, dass das ‚Böse' anhand struktureller Merkmale der Erzählung erkannt und benannt werden kann, besteht die Möglichkeit, die Kennzeichnung einer Figur als ‚böse' durch die Reaktionen der sie umgebenden Figuren oder andere formalästhetische Darstellungskriterien vorzunehmen. Wird eine Filmfigur von anderen Protagonisten gemieden, filmt die Kamera die Figur vor allem schlecht ausgeleuchtet und dunkel oder suggeriert die musikalische Untermalung eine von der Figur ausgehende Bedrohung, so sind dies eindeutige Kennzeichen dafür, dass sie in der fiktiven Welt als gefährlich und damit eben meistens auch als ‚böse' markiert wird" (S. 55). In der konventionellen Forschung wird davon ausgegangen, dass die Zuschauer keinerlei Sympathien für die „bösen" Figuren entwickeln können. Tatsächlich kann dies jedoch der Fall sein, und zwar unabhängig von einer moralischen Bewertung der Figur. An dieser Stelle zeigt sich, dass die Autorin einen philosophischen und keinen filmwissenschaftlichen oder (sozial-) psychologischen Zugang wählt. Gerade in den filmwissenschaftlichen Arbeiten zu Empathie und zur Identifikation wird diese konventionelle Sichtweise nicht mehr geteilt.

Daher entwickelt Eisele das Konzept der ludischen Fiktionalität, mit dem sie der „bösen" Figuren Herr werden will: „Eine solche Art der Fiktionalität, die simultan einen Mitvollzug fiktiver Handlungen sowie die Beobachtung der eigenen Rezeption und der Konstruktionsprinzipien von Fiktionalität ermöglicht, soll im weiteren Verlauf als *ludische Fiktionalität* bezeichnet werden" (S. 165, H. i. O.). Die Analyse der drei Filmbeispiele zeigt nun, dass die entgrenzten Figuren Gegensätze und Differenzen aufheben, z. B. die von innen und außen (Hannibal Lecter), die von Anwesenheit und Abwesenheit (Joker) und die zwischen Materialität und Referenzialität (Yukio Murata). Zugleich ist den genannten Figuren gemeinsam, dass sie die Differenz zwischen Nähe und Distanz aufheben, wodurch sie nach Auffassung der Autorin „zu einer spezifischen Form der Anteilnahme anregen, die sowohl eine Annäherungs- als auch gleichzeitig eine Distanzierungsbewegung zum Rezipienten darstellt, oder – um die hier eingeführte Terminologie an dieser Stelle passend wieder aufzugreifen – Anziehung und Abstoßung verwirklicht" (S. 215). Dadurch erleben Zuschauer die Figuren ambivalent.

Das Buch von Eisele bietet einige interessante Einblicke in die Inszenierung und Erzählung von „bösen" Figuren, die aber – das zeigt die Autorin auch – nicht immer entgrenzt sein müssen. Die Analyse der Beispielfilme macht den Inszenierungscharakter des „Bösen" und der „bösen" Figuren sehr deutlich. Was Eiseles Analyse wohltuend von anderen Analysen unterscheidet, ist, dass sie immer die Auswirkungen auf die Zuschauer in den Blick nimmt. Ob das Konzept der ludischen Fiktionalität, das sie entwickelt, dauerhaft tragfähig ist, um die genannten Ambivalenzen in Filmen oder Fernsehserien zu analysieren, bleibt offen. Es ist zumindest ein interessantes philosophisches Gedankenexperiment.

Prof. Dr. Lothar Mikos

Carsten Heinze/Laura Niebling (Hrsg.):
Populäre Musikkulturen im Film. Inter- und transdisziplinäre Perspektiven.
Wiesbaden 2016: Springer VS.
482 Seiten, 69,99 Euro

Populäre Musikkulturen

Carsten Heinze und Laura Niebling legen mit ihrem Band *Populäre Musikkulturen im Film* ein Werk vor, das sehr heterogene Zugänge zu diesem Forschungsfeld eröffnet. Damit wird das Versprechen „inter- und transdisziplinärer Perspektiven" aus dem Untertitel eindeutig eingelöst. Im Editorial formulieren Herausgeberin und Herausgeber ihren Anspruch, sich einer Facette der „filmischen Repräsentation der Pop- und Rockmusikkultur – den in sich vielfältigen Formen des Musik(dokumentar)films" (S. VIII) widmen zu wollen. Diese Vielfalt zeigt sich auf unterschiedlichen Ebenen.
Im ersten Teil des Buches werden unterschiedliche Zugänge zu populärer Musikkultur mit besonderem Fokus auf audiovisuelle Verbreitungsformen vorgestellt. *Film* wird hier weit gefasst. Carsten Heinze fokussiert vor allem *Jugend-* und Musikkulturen im Film, wobei es ihm aus einer historisch betrachtenden Perspektive vor allem um Alterungsprozesse bzw. die Problematik des Alterns in Pop- und Rockmusikfilmen geht und wie sich diese Prozesse in die „Konstruktion eines kulturellen Gedächtnisses" (S. 21) einschreiben. Einen ganz anderen, klassifizierenden Zugang wählt Laura Niebling, indem sie einen Definitionsversuch des Musikfilms vorlegt und diesen in drei Kategorien unterteilt: die Musikdokumentation (Music Documentation), die fiktionale Musikunterhaltung (Fictional Music Entertainment) und die experimentelle Musikunterhaltung (Experimental Music Entertainment). Dieser begriffsschärfende Zugriff – eingebettet in eine kurze Musikfilmgeschichte – veranschaulicht die Ausdifferenzierung des Musikfilms auf ästhetischer, inhaltlicher, traditionsbezogener sowie technischer Ebene. Weitere Beiträge in diesem ersten Teil widmen sich der Dimension der Zeit, welche (Musik-)Spielfilme als Zeitdokument der Jugendkultur und deren Entwicklung lesen lassen. Auch Castingshows wie *Deutschland sucht den Superstar* und Musikvideos als partizipative Form der Musikkultur werden in diesem Teil thematisiert. Der erste Teil des Bandes verdeutlicht somit, wie divers Musikkulturen im Musik(dokumentar)film begriffen werden können, je nachdem, welcher medial-technologische, kulturelle, zeithistorische oder auch adressatenorientierte Zugriff gewählt wird. Wünschenswert wäre hier noch eine übergeordnete, systematisierende Position zur Diskussion des Musik(dokumentar)films (Editorial) gewesen, um als Leserin oder Leser eine orientierende Einordnung des Feldes zu bekommen.
Die nächsten vier Teile des Bandes widmen sich vor allem verschiedener Phänomene und Beispiele. Die drei Beiträge des zweiten Teils beschäftigen sich mit Rockumentaries, grob gesprochen einer Fusion aus Rock und Dokumentarfilm, wobei der erste eine Definition aus historischer Perspektive entwickelt und die beiden weiteren anhand verschiedener Beispiele der Wirkmacht sowie dem Bedeutungszusammenhang nachgehen.
Die Autorinnen und Autoren des dritten Teils setzen sich jeweils mit bestimmten Bands und Kunstschaffenden sowie deren Musikerzeugnissen bzw. Musikfilmen auseinander. Das Spektrum reicht hier vom slowenischen Kollektiv Laibach über The Prodigy, The Chemical Brothers und Madonna bis hin zum Sinnbild des Cowboys und der Musik bei Trainspotting. Auch hier werden verschiedene Zugänge gewählt (politisch, empirisch erlebnisorientiert, queer emanzipatorisch, musikwissenschaftlich), um die künstlerischen Phänomene zu analysieren.
Wie sich nun Musikkulturen in ihren filmischen Texten zeigen, dies eruiert der vierte Teil des Bandes. Im Fokus stehen hier zumeist bestimmte Musikgenres, angefangen beim Schlagerfilm aus den 1950er-Jahren über Soul, Punk, Independent bis hin zum Metal am Beispiel von Metallica. In diesen Beiträgen stehen fast durchgängig die filmische Inszenierung und ihr (sub-)kultureller Kontext im Analysefokus.
Der fünfte und letzte Teil nimmt sich den Musikvideos an und verweist damit auf moderne Verwertungszusammenhänge des Musik(dokumentar)films im digitalen Zeitalter. Die drei in diesem Teil zusammengefassten Beiträge setzen sich mit der Kommerzialisierung von Musikkultur, ihrer Ästhetik und performativen Praktiken auseinander.
Insgesamt bietet der vorliegende Sammelband ein reichhaltiges Spektrum an Zugängen an, die unter „populären Musikkulturen im Film" verstanden und diskutiert werden können. Zuweilen mutet die Auswahl ein wenig eklektizistisch an (was noch durch die Kombination von englischen und deutschen Aufsätzen verstärkt wird), da die einzelnen Beiträge recht unverbunden nebeneinander stehen. Zugleich ist das auch die Stärke des Bandes, führt er doch eine Diversität vor Augen, die deutlich macht, wie vielschichtig das Feld ist und welche unterschiedlichen Perspektiven hier entfaltet werden können. Insbesondere die historisch einordnenden Aufsätze tragen darüber hinaus zu einem besseren Verständnis der Entwicklung von Musikkulturen im Film bei – vor allem im Hinblick auf eine Anschlussfähigkeit ans Digitale und damit ans Social Web.

Prof. Dr. Martina Schuegraf

Benjamin Bigl:
Virtuelle Computerspielwelten. Rezeption und Transfer in dynamisch-transaktionaler Perspektive.
Köln 2016: Herbert von Halem Verlag.
397 Seiten, 29,99 Euro

Virtuelle Computerspielwelten

Die Klassiker der Spieltheorie veranschaulichen, dass das Phänomen „Spiel" seit jeher als eine wesentliche Quelle menschlicher Selbsterfahrung zu verstehen ist. Auch die digitalen Formen von Spiel in Gestalt der Computerspiele besitzen heutzutage einen nicht zu unterschätzenden Einfluss auf die individuelle Persönlichkeitsentwicklung und das Bewusstsein ihrer Spieler. Das gilt für ihr Zeitgefühl, die Steuerung ihrer Aufmerksamkeit, die Formierung von Emotionalität, Relevanzen und Orientierungsmodellen. Diesem Phänomen geht Benjamin Bigl (Universität Leipzig) theoretisch wie empirisch am Beispiel der Spielplattform Wii nach, da hier für ihn in mehrfacher Hinsicht ein Potenzial zur Verquickung von Alltags- und Spielwelt zum Ausdruck kommt. Seine Promotion widmet sich akribisch einem Forschungsbereich, der – wie exemplarisch der Besuch von Angela Merkel auf der Gamescom in Köln zeigt – gesellschaftspolitisch zunehmend relevanter wird.

Die „zentrale Annahme der Arbeit [lautet], dass Plattformen wie die Wii,(sic!) für den Spieler eine virtuelle Spielwelt erzeugen können, die förderlich für das Eintauchen in diese Spielwelt sowie für das Entstehen der unterstellten Transfers zwischen Spiel- und Alltagswelt ist" (S. 22). Um die Rezeption eines Wii-Spiels im expliziten Vergleich zu einem klassischen PC-Spiel zu untersuchen, entwirft Bigl einen aufwendigen Mehrmethodenansatz, der vor allem auf zwei Experimentalstudien fußt. Nicht nur das Erkenntnisinteresse, sondern auch das zugehörige Analysemodell ist überaus elaboriert, aber es kann – so viel sei vorweggenommen – nicht alle Forschungsfragen und Hypothesen vollständig beantworten.

In den grundlegenden und mehr als ausführlichen Theorieabschnitten (knapp 180 Seiten) widmet Bigl sich zuerst den Leistungen und Funktionen von Computerspielen als „Massenkommunikationsmedium". An traditionelle Modelle wie das Feldschema der Massenkommunikation von Maletzke angelehnt, entwirft er ein sogenanntes Kommunikationsmodell zwischen Kommunikator (Programmierer, Studio etc.) und den jeweiligen Spielern. Seine ausführlichen „Vorbemerkungen" sind ambitioniert, aber kritisch zu hinterfragen, da sie nicht wie postuliert „erstmalig Computerspiele allgemein hin auf ihre Tauglichkeit in Bezug auf den Medien- sowie den Kommunikationsbegriff und -prozess, den Spiel- und Genrebegriff [...] verorten" (S. 32). Auch bleibt im Modell – den Prämissen der klassischen kommunikationswissenschaftlichen Wirkungsforschung folgend – die Rolle gesellschaftlicher, medienkultureller und individueller Kontextfaktoren stark unbestimmt. Detaillierter geht der Autor im Folgenden auf den Bereich „Medienvirtualität" ein und skizziert kenntnisreich vor allem sozialpsychologische Prozesse des Erlebens virtueller Welten wie z. B. Präsenz, Flow, Immersion oder Interaktivität. Der Kern des Theoriemodells ist die Übertragung des dynamisch-transaktionalen Ansatzes der Medienwirkung nach Früh und Schönbach (1982) auf die Messung von Transfereffekten von Computerspielen.

Empirisch untersucht Bigl am Beispiel von *Tiger Woods PGA Tour Golf* in einem ersten Experiment funktionale Transfers, in einem zweiten Experiment am Beispiel von *Resident Evil* affektiv-kognitive Transfers. Gerade der stete Vergleich zu Kontrollgruppen, die ein vergleichbares PC-Game spielten, fördert eine Vielzahl interessanter Befunde zutage, die hier nicht alle referiert werden können. Methodenkritisch ist allerdings einzuwenden, dass Bigl nicht alle Elemente seines Forschungsmodells wie z. B. die Beurteilung eines Computerspiels als Massenmedium mit letzter Konsequenz in der Studie umsetzt. Auch bleibt seine abschließende Beurteilung der Transferpotenziale virtueller Spielplattformen am Beispiel der Wii nicht nur aufgrund explorativer Skalenbildung und einiger nicht signifikanter Ergebnisse recht ambivalent und z. T. zu kleinteilig. Nichtsdestoweniger gelingt Bigl ein systematischer Problemaufriss, wie Transferprozesse zwischen Spiel und Spieler angemessen zu rekonstruieren sind. Obwohl der Autor nicht den Anschluss an eher subjektorientierte und qualitative Arbeiten wie z. B. von Jürgen Fritz und Friedrich Krotz sucht, stellt seine Analyse doch eine überfällige und engagierte Bereicherung der Forschung dar. Spannend wird es, den Ansatz auf die neueste Generation von VR-Plattformen zu übertragen.

Prof. Dr. Jeffrey Wimmer

Judith Ackermann (Hrsg.):
Phänomen Let's Play-Video. Entstehung, Ästhetik, Aneignung und Faszination aufgezeichneten Computerspielhandelns. Wiesbaden 2017: Springer VS.
263 Seiten, 39,99 Euro

Let's Play-Videos

Let's Plays sind Filme, in denen Gamer ihren Bildschirm zeigen, während sie zocken und dies live kommentieren – und seit Jahren das erfolgreichste Format auf Videoplattformen. Trotz Abonnentenzahlen im Millionenbereich ist die akademische Diskussion des „aufgezeichneten Computerspielhandelns", das erstmals 2006 dokumentiert wurde, noch jung. Judith Ackermann, Professorin an der FH Potsdam, hat Fachbeiträge von 22 Wissenschaftlerinnen und Wissenschaftlern zusammengestellt, die Let's Plays aus Sicht der Medientheorie und -ästhetik untersuchen, Produktions- und Rezeptionsaspekte darstellen und die Rolle der Videos in der offenen Kinder- und Jugendarbeit diskutieren. Interessant ist die Vielfalt der Perspektiven auf dieses Phänomen der Remediatisierung.
Warum lassen Gamer spielen, statt selbst zu zocken? Ralf Biermann und Steven Becker können darstellen, dass u. a. die Kommentare der Player und die Suche nach Unterhaltung und Informationen zu neuen oder zu teuren Spielen Nutzungsmotive sind. Nina Grünberger zeigt anhand von zwei Let's Play-Videos, dass hier auch narrative Bezüge zur Welt außerhalb des Spielszenarios eine zentrale Rolle spielen – es geht auch um den gemeinsamen Humor und die Bestätigung der jeweiligen Community. Mathias Fuchs plädiert für eine Erweiterung des Spielbegriffs auf das imaginäre Mitspielen als Ergänzung zum aktiven Spiel. Der facettenreiche Sammelband ist lesenswert für Dozierende und Studierende der Film- und Medienwissenschaften, der Medienpädagogik und der Sozialen Arbeit.

Ulrike Beckmann

Emese Domahidi:
Online-Mediennutzung und wahrgenommene soziale Ressourcen. Eine Metaanalyse. Wiesbaden 2016: Springer VS.
242 Seiten, 39,99 Euro

Onlinemediennutzung

Die Frage, wie sich die Nutzung von Onlinemedien auf die sozialen Beziehungen der Menschen auswirkt, wird nicht nur öffentlich diskutiert, sondern ist auch ein wichtiges Thema in kommunikationswissenschaftlichen Studien. Die vorliegende Arbeit, die 2015 als Dissertation in Münster eingereicht wurde, sieht einen positiven Zusammenhang zwischen Onlinemediennutzung und sozialen Beziehungen. Die Autorin hat dies anhand von Sekundäranalysen bestehender Studien untersucht. So sieht sie einerseits ab Mitte der ersten Dekade des 21. Jahrhunderts eine sogenannte „Sozialkapital-Wende" in den Studien: „Fortan ist dieses wahrgenommene Sozialkapital, mit seinen auf die Online-Mediennutzung zugeschnittenen Dimensionen online und offline, verstärkt ins Blickfeld der Primärstudien gerückt" (S. 204). Dadurch wird aber nur eine Forschungstradition etabliert. Eine andere befasst sich mit dem Zusammenhang von Onlinemediennutzung und sozialer Unterstützung, vor allem in der Gesundheitskommunikation. Die Autorin hebt die wachsende Bedeutung der Onlinemediennutzung hervor und plädiert dafür, in künftigen Forschungen mehr die Unterschiede zwischen den einzelnen Onlinemedien zu berücksichtigen. Generell bleibt jedoch zu bedenken, „dass Medieneffekte generell eher als klein einzuschätzen sind" (S. 196). Das Buch richtet sich mehr an einen akademischen Leserkreis.

Prof. Dr. Lothar Mikos

Max Fuchs:
Das starke Subjekt. Lebensführung, Widerständigkeit und ästhetische Praxis. München 2016: kopaed.
182 Seiten, 18,80 Euro

Das starke Subjekt

Das starke, selbstbestimmte Subjekt stellt im Idealfall das Ergebnis aller pädagogischen Bemühungen und der kulturellen Bildung dar. Der Kulturpädagoge Max Fuchs geht in seinem sehr lesenswerten und kenntnisreichen Buch der Frage nach, wie sich das Verhältnis von Individuum und Institutionen (auch pädagogischen und kulturellen) gestaltet, wo das Subjekt sich widerständig zeigen muss, um seine individuellen Freiheiten zu wahren, ohne den Bezug zu Gemeinschaft und Gesellschaft zu verlieren. Einen breiten Raum nimmt die ästhetische Praxis als Teil der Selbstbildung des Subjekts ein. Fuchs sieht die Künste als „Mittel der Klärung des Selbst- und Weltverhältnisses", auch weil sie in der Lage sind, die „Realität künstlerisch zu überwinden" (S. 133). Allerdings lässt sich die Frage, welche Kunst und welche ästhetische Praxis für die Subjekte bedeutsam sind, nach Auffassung des Autors nur empirisch erfassen. Fuchs geht es um die theoretische Verortung des Zusammenhangs von Lebensführung, ästhetischer Praxis und (kultureller) Bildung. Und so stellt er fest: „Eine ästhetische Praxis ist aus meiner Sicht daher ein unverzichtbarer Bestandteil eines zeitgemäßen Verständnisses von Bildung und Bildungsarbeit" (S. 173). Das Buch macht allen pädagogisch Interessierten mehr als deutlich, welchen wichtigen Stellenwert die ästhetische Praxis für die Bildung des starken Subjekts hat.

Prof. Dr. Lothar Mikos

Die informierte Gesellschaft und ihre Feinde

Warum die Digitalisierung unsere Demokratie gefährdet

Stephan Russ-Mohl

Fake News, Halbwahrheiten, Konspirationstheorien – die Ausbreitung der Desinformation in der digitalisierten Welt, insbesondere in sozialen Netzwerken wie Facebook und Twitter, wird immer mehr zur Bedrohung und zur Herausforderung für unsere Demokratie. Das Buch analysiert, welche kurz- und langfristigen Trends die Aufmerksamkeitsökonomie in eine Desinformationsökonomie verwandeln: Welche Rolle spielen dabei Journalismus und Public Relations, aber auch die Echokammern im Netz und die Algorithmen der IT-Giganten? Wie kann man denjenigen entgegenwirken, die aus kommerziellen oder machtpolitischen Motiven an medialer Desinformation und an der Destabilisierung unserer Demokratie interessiert sind?

edition medienpraxis, 16
2017, 368 S., 21 Abb., 213 x 142 mm, dt.
ISBN (Print) 978-3-86962-274-3 EUR(D) 23,00
ISBN (ePub) 978-3-86962-275-0 EUR(D) 19,99
ISBN (PDF) 978-3-86962-276-7 EUR(D) 19,99

»Ein wichtiges Buch zur richtigen Zeit. Denn es geht nicht nur um die Presse- und Meinungsfreiheit, sondern es besteht die Gefahr, dass die Demokratie insgesamt ausgehebelt werden kann.« (Dr. Alexandra Föderl-Schmid, Israel-Korrespondentin der *Süddeutschen Zeitung*)

»Ein Überblick, der sich wie guter Journalismus liest, aber ein Gesamtbild mit Tiefgang vermittelt. Ein Meisterstück sowohl in Zeitdiagnostik als auch Wissensvermittlung.« (Prof. Dr. Georg Franck, Sozialforscher an der TU Wien)

»Stephan Russ-Mohl, bewährter NZZ-Autor, analysiert hier mit Verve virulente Medienthemen.« (Rainer Stadler, Ressortleiter Medien, *Neue Zürcher Zeitung*)

Freiwillige Selbstkontrolle für soziale Netzwerke?

Marc Liesching

Neue bundesgesetzliche Regelungen für Facebook, YouTube und Twitter

Am 1. Oktober 2017 ist das Gesetz zur Verbesserung der Rechtsdurchsetzung in sozialen Netzwerken (Netzwerkdurchsetzungsgesetz – NetzDG) in Kraft getreten.[1] Es etabliert erhebliche Compliance-Pflichten für soziale Netzwerke wie Facebook, YouTube oder Twitter. Netzwerkbetreiber mit mehr als zwei Mio. registrierten Nutzern müssen danach ein Beschwerdeverfahren errichten, eingehende Beschwerden über bestimmte strafbare Inhalte unverzüglich prüfen und reagieren. Sogenannte „rechtswidrige Inhalte", die bestimmte Straftatbestände erfüllen, sind grundsätzlich innerhalb vorgegebener, enger Fristen zu entfernen oder zu sperren.[2] Im Falle einer nicht richtigen Umsetzung des Beschwerdeverfahrens drohen Bußgelder bis zu einer Höhe von 50 Mio. Euro, welche von dem zuständigen Bundesamt für Justiz (BfJ) gegen die Netzwerkbetreiber verhängt werden können. Dies gilt auch und gerade dann, wenn die Netzwerkbetreiber rechtswidrige Inhalte nicht oder nicht fristgerecht löschen und dadurch das Beschwerdeverfahren „nicht richtig" vorhalten.

Die den Löschpflichten des NetzDG unterliegenden „rechtswidrigen Inhalte" umfassen z. T. auch solche Angebote, welche zugleich in den Tatbeständen des § 4 Abs. 1 S. 1 des Jugendmedienschutz-Staatsvertrags (JMStV) als unzulässig normiert sind. Dies sind z. B. verfassungsfeindliche Kennzeichen (Hakenkreuze), volksverhetzende oder den Holocaust leugnende Inhalte oder Gewaltdarstellungen i. S. d. § 131 StGB.

Konsultation der „regulierten Selbstregulierung" bei Inhaltsprüfungen

Ebenso wie im Jugendmedienschutz ist auch nach dem NetzDG eine (eingeschränkte) Möglichkeit der Konsultation einer Selbstkontrolleinrichtung durch den Anbieter eines sozialen Netzwerkes gegeben. Grundsätzlich muss gewährleistet sein, dass der Anbieter des sozialen Netzwerkes jeden rechtswidrigen Inhalt „unverzüglich, in der Regel innerhalb von sieben Tagen nach Eingang der Beschwerde entfernt oder den Zugang zu ihm sperrt". Diese Frist kann aber überschritten werden, wenn das soziale Netzwerk die Entscheidung über die Rechtswidrigkeit innerhalb von sieben Tagen nach Eingang der Beschwerde einer vom BfJ anerkannten „Einrichtung der Regulierten Selbstregulierung überträgt und sich deren Entscheidung unterwirft".[3] Sofern kein Fall einer sogenannten „offensichtlichen" Rechtswidrigkeit vorliegt, steht es den sozialen Netzwerken in eigenem Ermessen frei, eine anerkannte Einrichtung der Regulierten Selbstregulierung zu konsultieren und damit die „Einschätzung eines Inhaltes auszulagern" oder nicht.[4]

Bindung der Aufsicht an Entscheidung der Selbstkontrolleinrichtung

Die Konsultation der Selbstregulierung für die Prüfung der Rechtswidrigkeit bestimmter Netzwerkinhalte hat zwar nach dem Wortlaut nur eine Fristenausnahme zur Folge, hingegen keine rechtliche Privilegierung der Selbstkontrollentscheidung, welche eine Bußgeldahndung im Falle einer entgegenstehenden Bewertung durch das Bundesamt für Justiz per se ausschließen könnte. Allerdings sollen nach den Gesetzesmaterialien ein gerichtliches Vorabentscheidungsverfahren (§ 4 Abs. 5 NetzDG) und eine Bußgeldahndung nicht möglich sein, wenn der betreffende Inhalt einer Einrichtung der Regulierten Selbstregulierung vorgelegen hat und der Inhalt nicht als rechtswidrig bewertet worden ist. Dies ergibt sich aus der Begründung der Beschlussempfehlung des BT-Rechtsausschusses, wonach der Bußgeldbehörde in einem solchen Fall verwehrt ist, die Bußgeldahndung auf die tatsächliche Rechtswidrigkeit des Inhalts zu stützen.[5] Hiernach käme der Selbstregulierungsentscheidung gegenüber der Bußgeldbehörde doch eine faktisch bindende Wirkung zu.

Unterschied zur JMStV-Selbstkontrolle

Dies stellt eine erhebliche Abweichung gegenüber Selbstkontrollentscheidungen der Freiwilligen Selbstkontrolle Fernsehen (FSF) und der Freiwilligen Selbstkontrolle Multimedia-Diensteanbieter (FSM) nach dem Jugendmedienschutz-Staatsvertrag dar. § 20 Abs. 3 und 5 JMStV gesteht der Jugendschutzselbstkontrolle ein solches Beurteilungsprimat und -präjudiz bei Inhalten nach § 4 Abs. 1 JMStV gerade nicht zu. Hat die FSF etwa bei einer Sendung das Vorliegen eines Verstoßes gegen § 4 Abs. 1 S. 1 Nr. 2 (verfassungsfeindliche Kennzeichen) oder Nr. 5 (Gewaltdarstellungen i. S. d. § 131 StGB) verneint und eine Sendezulässigkeit bejaht, kann die Kommission für Jugendmedienschutz (KJM) gleichwohl uneingeschränkt eine andere Bewertung vornehmen und den Sender wegen JMStV-Verstoß beanstanden und ein Bußgeld verhängen. Dies gilt selbst dann, wenn die FSF-Prüfung durch einen sachverständigen Juristen oder eine Juristenkommission durchgeführt worden ist.

Unklare Legitimation einer Besserstellung von NetzDG-Selbstkontrolleinrichtungen

Fraglich ist, wodurch eine stärkere rechtliche Bindungswirkung von Selbstkontrollentscheidungen über rechtswidrige Inhalte nach dem NetzDG gegenüber inhaltlich gleich gelagerten Bewertungen von Selbstkontrolleinrichtungen der FSF und der FSM nach dem JMStV gerechtfertigt werden kann. Dies gilt umso mehr, als dass das Verfahren für die Anerkennung von NetzDG-Selbstkontrolleinrichtungen den JMStV-Vorgaben nachgebildet ist und sich inhaltlich kaum unterscheidet. Der Gesetzgeber verhehlt auch nicht, dass die materiellen Voraussetzungen der Anerkennung einer – in den Gesetzesmaterialien auch „Selbstkontrolle“ genannten – Einrichtung der Regulierten Selbstregulierung den im Jugendschutzrecht nach § 19 JMStV geltenden Anforderungen nachgebildet sind.[6] Vor diesem Hintergrund erscheint eine Ungleichbehandlung von Selbstkontrollentscheidungen zu rechtswidrigen (NetzDG) bzw. unzulässigen (JMStV) Inhalten jedenfalls dann nicht mit Sachgründen zu rechtfertigen zu sein, wenn die Bewertungen jeweils durch zum Richteramt befähigte Volljuristen der Selbstkontrolleinrichtungen ergangen sind.

Rechtliche und rechtspolitische Implikationen

Aus den bundes- und landesgesetzlich heterogenen Regelungen zur Bindungskraft und -reichweite von Selbstkontrollentscheidungen zu rechtswidrigen Inhalten ergeben sich künftig noch zu prüfende Rechtsfragen. Insbesondere kommt im Lichte des Gleichbehandlungsgebots nach Art. 3 GG eine verfassungskonforme Auslegung der § 20 Abs. 3 und 5 JMStV in Betracht, welche Selbstkontrollentscheidungen von Juristen der FSF und der FSM möglicherweise eine Bindungswirkung gegenüber der KJM zukommen lassen, sofern diese den Ausschluss des Vorliegens von Unzulässigkeitstatbeständen nach § 4 Abs. 1 S. 1 Nrn. 1 bis 5 und 10 JMStV zum Gegenstand haben.

Darüber hinaus sind aber auch die Landesgesetzgeber des JMStV aufgerufen, die durch das NetzDG entstandene regulative Diskrepanz im Bereich der rechtlichen Bedeutung von Entscheidungen der Selbstkontrolleinrichtungen zu beheben.

Dr. Marc Liesching ist Professor für Medienrecht und Medientheorie an der Hochschule für Technik, Wirtschaft und Kultur (HTWK) in Leipzig. Er ist Autor mehrerer Gesetzeskommentare zum Netzwerkdurchsetzungsgesetz.

Anmerkungen:
1 Gesetz v. 01.09.2017 (BGBl. I, S. 3.352)
2 Vgl. § 3 Abs. 2 Nr. 2 und 3 NetzDG
3 Vgl. § 3 Abs. 2 Nr. 3b) NetzDG
4 Vgl. BT-Drs. 18/13013, S. 23
5 BT-Drs. a. a. O.
6 BT-Drs. a. a. O.

Kurz notiert 04/2017

Kostenloses Onlinegame zum Thema „Fake News"

Die Bundeszentrale für politische Bildung (bpb) und die Niedersächsische Landeszentrale für politische Bildung veröffentlichen gemeinsam die deutsche Version des Computerspiels *Fake It To Make It* zum Thema „Fake News" kostenlos im Internet.
Fake It To Make It informiert spielerisch über Strategien, die bei der Erstellung und Verbreitung von Fake News eingesetzt werden. Auch mögliche Gründe dafür, Falschmeldungen zu verbreiten, werden im Spiel erkennbar. Die Entwicklerin Amanda Warner möchte durch das Spiel sensibilisieren und zur kritischen Auseinandersetzung mit der eigenen Nachrichtenrezeption anregen.
Auf einer integrierten Infoseite können Interessierte zudem mehr über Fake News erfahren, bekommen Tipps, wie diese im Alltag erkennbar sind, oder können der Entwicklerin Amanda Warner Feedback geben.
Das Spiel hat keine Altersbeschränkung, richtet sich aber aufgrund seiner Komplexität an Jugendliche ab ca. 12 Jahren. Auch für Erwachsene ist es geeignet. Die Spielzeit beträgt zwischen 30 und 60 Minuten.

Die offizielle Version des Spiels ist abrufbar unter: www.fakeittomakeit.de
Weitere Informationen zu Fake News abrufbar unter: www.bpb.de/fake-news

Interdisziplinäre Tagung: digitale Technologien zwischen Lenkung und Selbstermächtigung

Am 24. November 2017 veranstaltet die Technische Hochschule (Schwerpunkt „Digitale Technologien und Soziale Dienste") eine interdisziplinäre Tagung zum Thema „Apps und Co zwischen Lenkung und Selbstermächtigung".
Apps, die jeden Schritt nachhalten; Apps, die Schulkinder an die Hausaufgaben erinnern und den Eltern zeigen, wie lange ihre Kinder dafür gebraucht haben; Apps, die Essgestörte zu Mahlzeiten ermahnen. Programme, die die Integration von Geflüchteten unterstützen sollen: Der Einfluss digitaler Technologien auf unsere persönliche Lebensführung und damit auch auf die Gestaltung unseres sozialen Miteinanders ist hier nicht nur Nebeneffekt, wie er häufig beim Gebrauch digitaler Medien zu beobachten ist, sondern er ist intendiert und häufig sogar primäres Ziel. Aber wie weit reicht dieser Einfluss, und wie ist er zu bewerten?
Ziel der Tagung ist es, die Nutzung digitaler Technologien zu sozialen Zwecken mit Blick auf das Spannungsfeld von Lenkung und Selbstermächtigung oder auch Hilfe und Kontrolle aus verschiedenen Disziplinen, wie etwa der Informatik, der Philosophie oder der Sozialen Arbeit, heraus zu reflektieren.

Weitere Informationen abrufbar unter:
https://www.th-koeln.de/hochschule/apps-co-zwischen-lenkung-und-selbstermaechtigung_42897.php

IN EIGENER SACHE

medien impuls am 7. Dezember 2017: visuelle Kommunikation zwischen Ethik und Provokation

In Kooperation mit der DGPuK-Fachgruppe „Visuelle Kommunikation" findet am 7. Dezember 2017 eine *medienimpuls*-Tagung zum Thema „Bildethik" statt, die sich mit normativen und ethischen Fragen visueller Darstellungen auseinandersetzt und das Spannungs- und Wechselverhältnis zwischen Ethik und Provokation diskutiert.
Dabei möchte *medien impuls* die Produktion, Rezeption und Wirkung von Bildern in den Fokus rücken, ihre Emotionalisierungs- und Aufmerksamkeitsstrategien beleuchten sowie u. a. der Frage nachgehen, welche visuellen Medienkompetenzen für den Umgang mit Bildern und deren Kontexten erforderlich sind.

Während *medien impuls* relativ weit gefasst in das Thema einführt, vertiefen und diskutieren die DGPuK-Fachgruppentage (8. und 9. Dezember 2017) einzelne Aspekte visueller Kommunikationsforschung durch das Vorstellen neuester Forschungsergebnisse.

Weitere Informationen zu beiden Veranstaltungen abrufbar unter:
www.fsf.de